TUS**Q**UETS
EDITORES

Autor de la antología: Esteban Busquets
Diseño gráfico: Enric Satuè
Diseño de portada: Paula Beinstein
Fotografías: Gianni Mestichelli

© 1998, Joaquín Salvador Lavado Tejón (QUINO).
1ª. edición especial, mayo de 2005. Edición para la venta en Estados Unidos
de Norteamérica, prohibida la venta fuera de este territorio.

© Tusquets Editores México, S.A. de C.V.
Campeche 280-301 y 302,
Hipódromo-Condesa, 06100 México, D.F.
Tel. 5574-6379   Fax 5584-1335

ISBN: 970-699-113-1 (de la presente edición)

Impresión: Acabados Editoriales Incorporados, S.A. de C.V.
Impreso en México/Printed in Mexico

Mendoza es una provincia que está a 1.100 kilómetros de Buenos Aires. Tierra de sol, de uvas, de vinos, de siestas, de temblores. Allí nació Quino. Allí creció y vivió hasta los veintidós años. Cierto día de 1967 Quino volvió de paseo a sus aires natales. Entonces lo entrevisté. Antes de eso y después hice centenares de entrevistas. Ni antes ni después encontré a nadie más tímido. Jamás. Aquella primera conversación de 1967 fue un renovado caer en pozos de aire, en pausas abismales. Menos mal que, compartiendo la mesa, estaba Alicia, la mujer de Quino, y una y otra vez nos arrojaba la cuerda para sacarnos de aquellos pozos. Para conseguir cada respuesta de Quino tenía que herniarme. Con un mudo hubiera sido más fácil. Fue por eso que en algún momento, viendo que mi pregunta no tenía contestación con sonido de palabras, le propuse al sufriente Quino que me dibujara la respuesta. La pregunta fue: «¿Qué le espera a la humanidad? ¿Dónde va a parar el mundo de los hombres?» Con su dibujo, Quino sí respondió instantáneamente. Dibujó un hombrecito, ciudadano de lentes, que pateaba un balón. En realidad, visto en detalle, el balón de fútbol era un globo. Terráqueo. Nada menos.

Así era y así opinaba Quino, allá por 1967, cuando su relación con *Mafalda* tenía unos cuatro años de edad. Desde entonces, para el planeta, para Quino y para todos han pasado dos décadas. Para el país de Quino, dentro de ese lapso, hubo siete años de pesadilla más interminables que un siglo. Esa pesadilla tan abrumadoramente real lo obligó a vivir fuera de la Argentina. Hoy la pesadilla ha quedado atrás. Quino me abre la puerta de su departamento porteño. Once de la mañana. 18 grados. Sol de par en par. Un cielo azul, inobjetable. Para la conversación, Quino se pone a mi izquierda y no detrás de su mesa de dibujo. Raro que no trate de protegerse siendo tímido como es. Primer síntoma de cambio. Muy delgado, leve, me mira con cierto pavor. En eso sigue igual. Me lo figuro como alguien que ha aceptado someterse a una larga intervención quirúrgica. Francamente no sé qué hacer para amortiguar mi presencia desasosegante. Mientras Quino arrima su silla, pienso: Es cierto que las personas se parecen físicamente a lo que hacen, a lo que son: Quino no es en verdad ni un atleta, ni un boxeador y, más aún, no podría ser un fascista, por el peso de su tenue organismo. Mejor así. De *los otros*, siempre hay demasiados.

Por un buen rato comentamos sobre algunos grabados que Quino tiene sobre la pared, sobre todo los de un tal Sergio Sergi, una especie de Buñuel cordial que fue maestro suyo. El recuerdo de Sergio le pone los ojos al borde de las lágrimas. En el primer minuto, el Quino racional, frío, ya ha bajado la guardia. Está en carne viva. Así, con viento a favor, comienza la conversación:

—¿Edad?

—¿La mía? Cincuenta y cinco voy a cumplir pronto. Porque nací el 17 de julio, allá en Mendoza.

¿Y cómo fue, en su casa, aquel 17 de julio?

—Sólo sé que nací a las cuatro de la tarde. A los doce años, a la edad en la que podría haber hablado de esas cosas, murió mi madre... En realidad, entre los diez y los dieciocho años viví asediado por la muerte, agobiado por el luto. Cuando tenía diez murió un abuelo, después sucedió lo de mi madre, más tarde lo de mi padre... Por esos años no sabía cómo comportarme, cómo escapar al luto, que era muy severo: la puerta entornada por meses, nada de radio, nada de música. Y hay un detalle que se sumaba a todo: yo, que desde los ocho años iba al cine solo, veía cantidades de películas sobre los nazis. Por causa del luto me ponían un brazalete negro en el brazo... Yo, con ese brazalete, me sentía un nazi. Feo, ¿no?

—Más que feo. Sigamos: ¿Cómo era Quino a la edad de Mafalda?

—Yo era un chico muy solitario: salía poco, no jugaba a la pelota, mi timidez era espantosa, no quería ir a la escuela.

—¿Qué quería hacer entonces?

—Dibujar. Desde siempre quise eso. Mi madre me convenció de que si quería dibujar con los globitos, como en las historietas, también tenía que escribir los textos. Y a escribir iba a aprender yendo a la escuela. Por eso fui. No tenía más remedio.

—¿Cómo eran sus padres? ¿Tenían que ver con el humorismo?

—Mi padre trabajaba en el bazar de una tienda, era ocurrente, pero de poquísimo hablar. Mi madre era ama de casa, andaluza, regordeta, simpática, muy simpática, charlatana, vivaz, fosforito. Ninguno de los dos tenía que ver con mi vocación, salvo un tío, Joaquín Tejón, que es pintor, dibujante publicitario. Yo me acercaba mucho a su mesa de trabajo. Pero el clima de mi casa natal corresponde a lo que sentí de grande: casa de españoles, de republicanos fervorosos, casa donde se sintió la guerra civil como algo cercano.

—¿Desde cuándo se recuerda dibujando humor?

—Humor dibujaba ya a los catorce años. Pensaba chistes y los dibujaba dificultosamente... Pero dibujando me recuerdo desde siempre. Justamente una de las imágenes más lejanas e intensas de mi niñez se refiere al acto de dibujar... Mi madre trajo a la casa una enorme mesa de madera clara, de álamo... Yo me acosté boca abajo sobre ella y la fui cubriendo de dibujos, de un extremo al otro... Mi madre puso el grito en el cielo: me dijo que si quería seguir dibujando tenía que lavar la mesa cada vez...

—¿Por qué dijo que dibujaba con dificultad?

—Porque dibujaba mal. Qué digo mal: muy mal. Tanto que hasta me daba cuenta. Aunque fui a la Escuela de Bellas Artes, mi evolución fue muy lenta. Cuando me tocó el servicio militar, dejé completamente de dibujar, pero al salir noté que mi dibujo había cambiado, evolucionado...

—¿Y después?

—Después vino mi decisión de ir a Buenos Aires, a mostrar mis cosas. No me fue bien en los primeros intentos; estaba de capa caída, hasta que decidí irme a vivir a Buenos Aires. Fueron meses duros. Me ayudó económicamente un hermano mayor. Hasta que se dio la primera oportunidad.

—Y su timidez, Quino, ¿cómo evolucionaba?

—Seguía igual: espantosa. Pero también seguía igual mi decisión de ser dibujante de humor. Por aquellos años mi sueño era ser ayudante, pasar a tinta los dibujos de otro.

—¿Cuál fue la semilla de su Mafalda?

—Un día fui recomendado para hacer unas muestras de una historieta que tenía que servir de publicidad indirecta para unos electrodomésticos. Me explicaron que tenía que mostrar una familia media, un matrimonio con hijos. El título elegido fue «Mansfield». Hice doce tiras, con esa familia que usaba ciertos aparatos. Después las ofrecieron a los diarios y las rechazaron, porque era visible el fin publicitario de la agencia. Guardé mi historieta en el cajón. Hasta que mi amigo Julián Delgado me pidió algo para la revista argentina *Primera Plana*. Adapté la tira. A la nena le puse Mafalda. Y arranqué la historieta sin la menor idea, sin el menor plan. Ya que no tenía que elogiar las virtudes de ninguna aspiradora, a Mafalda la hice protestona, cascarrabias. Fue una revancha inmediata. Esto sucedió por el año 1963. Nunca pensé que iba a estar diez años dibujando a Mafalda.

—¿Qué pasó entre usted y Mafalda en esos diez años?

—Al principio el planteo de la historieta era simple. La nena elucubraba una pregunta y los padres le contestaban. Al final ella hacía su comentario. Al poco tiempo este recurso empezó a agotarse, entonces introduje a Susanita, que era una especie de mamá de Mafalda, en chiquito. A medida que se iban agotando estos recursos incluía nuevos personajes.

—¿Cuál es la clave de Mafalda?

—Mafalda surge de un conflicto, de una contradicción. A uno, de chico le enseñan una cantidad de «cosas que no deben hacerse» porque «están mal» y «hacen daño». Pero resulta que cuando uno abre los diarios se encuentra con que los adultos perpetran todas esas cosas prohibidas a través de masacres, guerras, etc. Ahí se produce el conflicto. ¿Por qué los grandes no hacen lo que enseñan?

—Viendo a la pequeña Mafalda a la distancia, ¿qué opina?

—Ahora me resultan insoportables sus peroratas.

—¿Quiere decir que reniega de su Mafalda?

—No reniego de sus conceptos, lo que pasa es que ahora me parece algo declamatoria, muy sobreactuada...

—Tal vez eso le sucede porque usted ya sabe el discurso de Mafalda.

—No, no: el asunto es con Mafalda. Con los otros personajes de la historieta ahora me siento mejor... Lo de Mafalda me parece elaborado, fabricado... Me sigue gustando muchísimo el personaje de Libertad... tal vez será porque lo hice en mi última época.

—Más allá de la fama internacional y de lo que eso trae, a Quino como dibujante, aquellos diez años con Mafalda ¿qué le dejaron?

—No quiero renegar de la historieta. Fueron diez años de mi vida. Y también de la de Alicia, mi mujer. Pero pienso que el viejo maestro Oski tenía razón: la permanencia en la historieta me endureció la línea muchísimo. Todavía estoy sufriendo en parte las consecuencias.

—Quino, déjeme decírselo: desde hace un rato usted viene confesando cosa

tras cosa sobre usted y su Mafalda. Es rarísimo encontrarse con semejante espontaneidad.

—No debo negarlo: yo siempre tuve dificultades con el dibujo. Y la tira las agravó.

—Pero, ¿acaso dibujar a Mafalda todos los días no fue para usted algo así como escribir la firma?

—No. Siempre me ha costado una barbaridad hacer los personajes iguales. Y, casi, estaría por confesarle algo...

—Su coraje para la confesión es admirable, Quino. Que no decaiga ahora. Diga nomás lo que está por decir...

—Para que los personajes me salieran iguales, yo muchas veces... los calcaba. Le puedo mostrar los originales calcados...

—Quino, no siga con sus confesiones...

—¿Y por qué no? Es la verdad...

—Es que si sigue confesando cosas, me parece que va a terminar por decirme que a Mafalda la dibujaba ella, la propia Mafalda.

—Tanto como eso no sucedió. Pero fueron diez años extenuantes, de alguna manera opresivos... Me levantaba a las ocho. A las nueve y cuarto me ponía a pensar la idea. Me daba tiempo hasta las cinco de la tarde. De las cinco de la tarde a las nueve de la noche hacía el dibujo. Así por semanas, por años. Alicia tuvo que soportar esta rutina y resolver mi vida exterior, con el mundo. Hay dibujantes a los que mantener su historieta les costó el matrimonio. No ha sido fácil.

—Haciendo a Mafalda, ¿tuvo alguna vez la sensación de haber tocado fondo, la desazón del vacío total?

—Sí, varias veces. Entonces fueron surgiendo los otros personajes. Pero el día más terrible fue uno en el que las horas pasaban y yo en blanco, completamente en blanco. Entonces fue cuando decidí que Mafalda iba a tener un hermanito... Al poco tiempo cerró el diario donde publicaba la tira... y entonces me evité la internación de la mamá de Mafalda, la clínica y todas esas cosas.

—¿Cuál es el comentario más frecuente que le hace la gente?

—Redondamente me dicen: «Quino, ¿por qué mató a Mafalda?»

—¿Y usted qué siente al respecto? ¿La mató a la dejó morir?

—No nos pongamos trágicos. Tras el cierre del diario donde publicaba Mafalda, seguí en una revista semanal. Empezó a resultarme opresiva. Tardé un año en tomar la decisión... Si seguía con Mafalda, la historieta iba a terminar por liquidar al dibujante.

—¿Alguna vez se encontró con una Mafalda de carne y hueso, «fuera» de la historieta?

—No con Mafalda, pero sí con Manolito. Un camarero, en Lisboa, era más parecido a Manolito que el propio dibujo. No podíamos dejar de mirarlo. El mozo se daba cuenta y a cada momento venía a ver si queríamos algo. Lo que sí sucede con Mafalda es que me encuentro con que muchas nenas la saben de memoria.

—A catorce años de haber concluido con su década de Mafalda, ¿no se le aparece la criatura de vez en cuando en los sueños?

—Por suerte, no.

—¿Se puede saber cómo son sus sueños, Quino?

—Generalmente sueño sin sol. Mis sueños tienen una luz que no hace sombra. Pero la mayor parte de mis sueños son de noche. Sólo una vez soñé con una borrachera de sol, yo estaba en una playa de Venezuela, lugar que no conozco. Raro, ¿no?... Hasta hace algunos años yo tenía un sueño recurrente: que estaba haciendo el servicio militar, pero con la edad de ahora. En el sueño yo me daba cuenta, iba, me quejaba, decía que tenía que salir, que tenía que ir a entregar un dibujo para el diario *Clarín*. Siempre me contestaban: «Mirá, flaco, tenés razón. Pero estamos en junio y el trámite es largo. Mejor esperá la baja. Quedate piola.» Otra cosa que sueño es que dibujo una página de humor fantástica. Pero al otro día la recuerdo y resulta una tontera... También algunas veces he soñado que me publican dos dibujos en vez de uno, y que no tendré dibujo para la otra semana. Lo peor es que uno de los dibujos me lo imprimen con la cabeza para abajo.

—Sus sueños son temibles. ¿Nunca sueña algo alejado de lo real?

—Sí. La otra noche soñé que venía una pareja de pajaritos.

—¿A qué venía?

—A invitarme a su boda.

—Quino, hace veinte años dibujó un planeta tierra «pateado» por el hombre, cuando le pregunté adónde creía que iba a parar la humanidad. Hoy, ¿qué responde a esa pregunta?

—Creo que iremos a parar al espacio.

—¿Porque saltaremos como esquirlas o porque volaremos en cohetes?

—Porque volaremos en cohetes. Yo era muy pesimista. Ahora creo que la inteligencia humana sabrá sobreponerse a todos los peligros.

—Esto suyo, ¿es un convencimiento o una expresión de deseos?

—Digamos que es una fortísima expresión de deseos. Viajando he aprendido que la voluntad y la unidad humana pueden modificar muchas cosas. En Egipto he visto gente que no cambia sus usos, que no cae en la desesperación por el consumismo. En Cuba he visto lo que pueden la voluntad y la unidad. Aun en la pobreza, con el esfuerzo común se puede conseguir salud, educación, alimentación.

—Su nihilismo de hace quince o veinte años, ¿se refería a la civilización o a la índole misma del ser humano?

—Mi nihilismo se refería a la índole del ser humano. Pensaba que había en el hombre algo malo o inmodificable. Estaba convencido de que si alguien no modificaba un gene del hombre, éste desaparecería a corto plazo. Hoy, por el contrario, me desespero pensando que algún ingeniero genético pueda modificar algún gen...

—Y su concepto del «artista prescindente», ¿sigue en pie?

—También se ha modificado. Antes veía al artista como un relator de fútbol que tenía que ser prescindente de lo que observaba. Eso ya no lo siento. He adquirido fe, una fe que no es religiosa. Ahora me asombran los errores del hombre, pero ya no creo que por eso sea genéticamente malo. Cometiendo errores es como se van corrigiendo las cosas... Sí, he cambiado mucho: antes, frente al error, me indignaba.

—Era una especie de fanático de la indignación.

—Eso. Hoy leo cosas que he declarado y reconozco que son espantosas, por ejemplo cuando vehementemente decía que todo artista debe ser individualista, alguien «al margen». ¿Cómo pude decir semejantes cosas?

—Ya que estamos, ¿cómo pudo?, ¿por qué pudo?

—En esto encuentro otra demostración de que el ser humano comete bárbaros errores. Pero puede corregirlos. Y puedo corregirlos. La humanidad no es sólo la calamidad, Hitler, la lluvia ácida. También es Mozart, también es la medicina. Hoy me parece una arbitrariedad englobar a la humanidad sólo dentro de lo malo. Precisamente (y éste es un dato de cámara), yo sobrevivo y no estoy en una silla de ruedas gracias a dos bypass en las piernas. Gracias a esa medicina que es parte de la humanidad.

—¿Qué cosas de la vida lo alegran, lo estimulan, Quino?

—La música flamenca y también la árabe. Lo que me ocurre es algo que está fuera de todo razonamiento: escucho flamenco y siento que millones de hormiguitas se me meten en la sangre. Mirar esas palomas por esta ventana también me divierte muchísimo...

—¿Y tiene tratos con el vino? ¿Cómo se lleva con él?

—El vino es muy compañero conmigo. El tinto. Para mí el vino no es una bebida: es una filosofía, una forma de estar en el mundo... a tal punto que hasta prefiero servírmelo yo: la velocidad con la que cae el vino en la copa es tan esencial como su paladar.

—¿Tiene algún estímulo especial para trabajar?

—Sobre todo uno: el trabajo mismo. Es cuestión de ponerse... Además, leo muchísimo la *Biblia*, pero no como libro religioso sino como fuente de ideas, en ella está casi todo: la poesía, el sexo, lo policial... La *Biblia* me estimula el humor. Yo la leo al azar y he aprendido a saltearme las partes morosas. Me parece que siempre la leo por primera vez, como me ocurre con Borges, y con ciertos pintores... Hace tiempo, durante siete años, yo almorzaba solo porque entonces Alicia trabajaba fuera de casa. Con mi comida en el plato yo me ponía a mirar un *Guernica* que tenía enfrente, a dos metros. Cada día descubría el cuadro nuevo... He tenido la fuerte sensación de que Picasso venía por las noches y le pintaba cosas nuevas.

—Y... uno nunca sabe: Picasso era capaz de todo, Quino. A propósito de cosas que no pierden vigencia: su Mafalda fue el libro otra vez más vendido en la Feria Internacional del Libro de Buenos Aires. ¿Cómo explica eso?

—No lo sé bien: será porque el mundo propicia, día a día con su armamentismo, con el llamado antipasto de Chernobyl, etc., las reflexiones que salen de Mafalda... Yo las reacciones de la gente nunca termino de entenderlas. Hay gente que me celebra ciertas páginas y otra gente, que supongo que lo hará, me dice que no entendió el chiste. En esto siempre me siento descolocado.

—Quino, con la mano en el corazón, o en el cerebro, dígame: ¿extraña a Mafalda?

—Noooooo. Sólo una vez en catorce años tuve una ocurrencia referida a Mafalda... De aquella historia me sigue divirtiendo mucho Libertad. Me mato de risa con sus ocurrencias... por ejemplo, aquel diálogo en el que la maestra le pregunta a Liber: «¿El sol sale por dónde?» y ella le responde, rotunda: «Por la mañana». Y la maestra le dice: «¡Pero eso no es un punto cardinal!» y Liber le retruca: «Eso a él no le importa: sale igual»...

—Quino, en los últimos años usted ha frecuentado mucho las ocurrencias referidas a la muerte. ¿A qué se debe esa insistencia?

—Tal vez sea porque... este año cumplo cincuenta y cinco años. Y a esa edad murió mi viejo. Un chiste que a algunos les produjo molestia es esa página en la que aparecen dos viejitos en un banco de plaza y reflexionan así: «En vez de pensar que estamos en el otoño de la vida, pensemos que estamos en la primavera de la muerte...».

—Vaya con su optimismo, Quino. Ya que nos metimos en la zona pálida: qué le parece que pasa después del cese respiratorio, ¿dónde vamos a parar?

—A la nada.

—Nada menos. Por lo visto no le preocupan ni el infierno ni otras dependencias... Quino, no me lo imagino haciendo «el mal», pero haga ahora un esfuerzo y confiese alguna íntima maldad suya. A ver.

—A ver... je. Ya dije que de chico me la pasaba jugando solo... miraba mucho a las hormigas: las negras grandotas, buenazas, las chiquitas coloradas, malísimas, y las marroncitas, que no eran dañinas. A veces miraba las terribles guerras entre las hormigas. Quedaba la tendalada.

—Le pedí que me contara una maldad suya, Quino...

—A eso iba: algunas veces atrapaba una mosca viva, le arrancaba las alas y la arrojaba al centro del hormiguero.

—Hoy, ¿haría semejante cosa?

—Me da escalofríos contarlo.

—Usted tiene razón, Quino: el hombre puede cambiar. Y para bien. Cuestión de tiempo y de saber vadear el apocalipsis... Increíblemente, en este rato se nos ha ido quedando al costado el tema de la libertad...

—También el concepto de libertad se ha modificado en mí... Hace quince o veinte años, cuando yo hablaba de libertad quería decir: «Déjenme solito, no me molesten, estoy dibujando...»

—Era una especie de libertad restringida, libertad para estar en la torre de marfil, aislado...

—Hoy yo diría que aquello era casi lo contrario de la libertad genuina. La que proclamaba era la libertad del pajarito dentro de la jaula.

—Y ahora, cuando nombra la libertad, ¿qué quiere expresar?

—Cuando ahora digo «libertad», es la del pajarito libre, sin jaula protectora, expuesto a las contingencias, al riesgo, al hondazo, a la pedrada, al zarpazo del gato, a la tormenta, al ventarrón.

—Quino, no deseo mortificarlo, pero me merodea una duda...: ¿es tan cierto que no extraña a Mafalda?

—Seguro que no... Si Mafalda quiere vivir, allá ella. Yo también quiero vivir... y en eso estoy.

Buenos Aires. Abril de 1987

RODOLFO BRACELI

La familia

MI PAPÁ HA DECIDIDO ERRADICAR LAS HORMIGAS DE SUS PLANTAS

¿Y CON QUÉ PIENSA MATARLAS?

¡PAF-PAF! TOC TOC-TOC TO ¡PAF! ¡PAF!

¡YA ME PARECÍA QUE TU PAPÁ NO PODÍA SER TAN BRUTO!

¿"TAN"?

EL ASUNTO ES DESCUBRIR DÓNDE ESTÁ ESE HORMIGUERO

ASÍ QUE SI VES UNA HORMIGA NO LA MATES ¿EH? ¡SEGUILA!

HASTA LUEGO, Y YA SABÉS, SI VES UNA HORMIGA ¡SEGUILA!

¡PAPÁ! ¡SE ESTÁN LLEVANDO EL HORMIGUICIDA QUE LES PUSISTE!

¡AL HORMIGUERO!... ¡LO LLEVAN AL HORMIGUERO!...

¡FANTÁSTICO!... UNA VEZ QUE LO METAN ALLÍ...

...¡LA SORPRESA QUE LES ESPERA!...

¿SIGUE TU PAPÁ LUCHANDO CONTRA LAS HORMIGAS?

SÍ, PERO NO PERSONALMENTE

¿PIDIÓ AYUDA A UNA COMPAÑÍA FUMIGADORA?

NO EXACTAMENTE

¡ES HORRIBLE SABER QUE DE AQUÍ A 30 AÑOS EL MUNDO VA A ESTAR SÚPER-REQUETEPOBLADO POR SIETEMIL MILLONES DE PERSONAS!

SÍ... Y PARA ESE ENTONCES VAMOS A TENER LA EDAD QUE TIENEN AHORA NUESTROS PAPÁS

¿ASÍ QUE ADEMÁS DE APRETADOS... ...¡VIEJOS!...

¡OH!...¡QUÉ PLANTA MÁS DIVINA!...

TU PAPÁ TIENE MUY LINDAS PLANTAS, MAFALDA

SON TODAS DE PLÁSTICO ¿VERDAD?

DÉME ALGO EFICAZ CONTRA "SHOCKS" HEPÁTICOS

PAPÁ...

¿MMM? ¿QUÉ PASA?

QUE NO PUEDO DORMIRME

¿OTRA VEZ? CONTÁ OVEJITAS, MAFALDA

¡PST!...

¿QUÉ HACÉS AQUÍ?¡ANDÁ A TU CAMA A CONTAR OVEJAS!

¿ESTÁS LOCO? ¡ECHÉ UN VISTAZO Y HAY COMO SIETE MIL!

PAPA,¿VOS HICISTE EL SERVICIO MILIT......

?

¿EL SERVICIO MILITAR? ¡POR SUPUESTO!¡NUNCA VOY A OLVIDAR AQUELLA VEZ QUE EL CABO SIRACUSSA ME PRIVÓ DE FRANCO POR SALUDAR SIN EL BIRRETE PUESTO!

... Y LA NOCHE ANTES DE SALIR DE MANIOBRAS, EL RUBIO MONDINO, QUE ESTABA DE IMAGINARIA EN LOS CORRALES, SE DURMIÓ Y...¡JI-JI!...SE SOLTARON TODAS LAS MULAS...¡JA! ¡QUE BAILE LE DIO LUEGO EL "PRINCIPAL" AZANZA!¡ERA BRAVO, EL "PRINCIPAL" AZANZA!¡RECUERDO UNA VEZ QUE..

¡EL QUE NO ERA MAL TIPO, ERA EL GORDITO PERUZZI! RESULTA QUE UNA VEZ, VA EL GORDITO PERUZZI A LA GUARDIA Y SE.....

HASTA MAÑANA, MAFALDITA

PERDÓNAME MAMÁ,¡YO QUÉ SABÍA!...

¡ZÁS!...¡MAFALDA ANDA PENSANDO ALGO!...¡YA ME LA VEO VENIR CON UNA DE SUS PREGUNTAS!

"PAPÁ ¿POR QUÉ TAL COSA?"

¡AAAAAH!...

ESTOY EMPEZANDO A NOTAR QUE JUEGO UN PAPEL IMPORTANTE EN EL METABOLISMO DE ESTA FAMILIA

NERVO CALM

¡¡LOS REYES!! ¡¡LLEGARON LOS REYES!!

¡LA REVOLUCIÓN FRANCESA FUÉ UN POROTO, COMPARADA CON LO QUE EN ESTE MOMENTO PIENSO DE LA MONARQUÍA!

¿QUÉ DIFERENCIA HAY ENTRE DECIR "PAPÁ" Y DECIR "PADRE"?

NINGUNA

SÓLO QUE "PAPÁ" ES MÁS FAMILIAR, Y "PADRE" MÁS RESPETUOSO

¿O SEA QUE NUNCA PODRÉ DECIRTE "PADRE"!?

AQUÍ TENÉS EL VUELTO. Y CON ESTA BOLETA RETIRÁS EL LIBRO EN EL EMPAQUE

CIENCIA FICCIÓN

GRACIAS

¡ESTO SÍ QUE ESTÁ BUENO!...

LOS PADRES NOS METEN EN ESTE DESQUICIO DE MUNDO, SIN CONSULTARNOS... Y, **ENCIMA**, HAY QUE HACERLES UN REGALO!

TE LO ENVUELVO COMO PARA REGALAR A TU PAPÁ ¿NO?

EMPA

NO; ¿CÓMO PARA PERDONARLO

¡FELIZ DÍA PAPÁ!

LA VOZ DE LA SANGRE, QUE LE DICEN

...RECUERDEN SIEMPRE, QUERIDOS MÍOS; AMEMOS MUCHO A NUESTROS PADRES...

...PUES A ELLOS LES DEBEMOS LA VIDA.

¿CUÁNTO ES?

VOY AL MERCADO Y VUELVO ¡NO LE ABRAS LA PUERTA A NADIE POR MÁS QUE LLAME! ¿EH?

BUENO

¡MAMÁ!...

¿Y SI ES LA FELICIDAD?

¿QUIÉN HAY AQUÍ EN ESTA NIEBLA?

YO, QUE ME ESTOY BAÑANDO

¿QUIÉN ES 'YO'? ¡AH!...¿SOS VOS, MAMÁ?

¡CLARO!...¿A QUIÉN ESPERABAS ENCONTRAR ACÁ SI NO?

A SCOTLAND YARD

TOMÁ, MAFALDA, ANDÁ A COMPRAR FIDEOS

PERO FIJATE BIEN ¿EH? QUE SEAN SEMOLADOS, Y NI MUY GRUESOS NI MUY FINOS

TAMPOCO MUY AMARILLOS, PORQUE ENTONCES ES QUE TIENEN COLORANTE Y SI SON MUY BLANCUZCOS ES PORQUE TIENEN POCO HUEVO

¿VENÍS A JUGAR MAFALDA?

NO PUEDO, ACABAN DE DARME UNA BECA PARA EL ESTUDIO DE LA FIDEOLOGÍA

?

¿QUIÉN ES ESTA NENA MAMÁ?

YO

¡¿POR QUÉ ME HAS OCULTADO QUE FUISTE MI HERMANA?!

NO FUNCIONA

¡QUÉ SUSTO, DIOS MÍO!... ¡CREÍ QUE ESTABA HUECA!

GUARDAPOLVOS Y DELANTALES

BIEN, LLEVO ESTE

¿ESTE?

P-PE-PERO.... ¿ESTE?

SÍ MAFALDA ESE LEVANTÁNDOLE EL DOBLADILLO Y ACORTÁNDOLE LAS MANGAS TE SERVIRÁ TAMBIÉN PARA EL AÑO QUE VIENE

¡ME NIEGO A QUE ME ANDEN COSIENDO Y DESCOSIENDO EL PORVENIR!

23

¿SE LO DIJISTE YA A MAFALDA?

NO

NO SÉ CÓMO PUEDE CAERLE LA NOTICIA DE QUE VA A TENER UN HERMANITO

¡PERO TONTA,SÍ VA A CAERLE BIEN!... LO QUE PASA ES QUE VOS ESTÁS UN POCO NERVIOSA,MEJOR DEJAME A MÍ

VAS A VER,AHORA LA LLAMO Y SE LO DIGO,CON SERENI-DAD

FAMALDA, ¿PONÉS VEDIR UN MOTENMITO?

AHÍ VIENE ¿VOS CREÉS QUE ES MOMENTO PARA DARLE LA NOTICIA DE QUE VA A TENER UN HERMANITO?

SÍ. VOS DEJAME A MÍ, QUE TENGO TACTO

¿ME LLAMABAN?

SÍ,MAFALDITA VENÍ,SENTATE

BUENO...¿A QUÉ SE DEBE ESTE CLIMA DE REUNIÓN DE DIRECTORIO?

BIEN,MAFALDA,LO QUE QUERÍAMOS DECIRTE ES QUE...JE-JE...¡EN FIN!...

¿QUE JÉ-JÉ EN FIN QUÉ?

PUES... QUE DENTRO DE UNOS MESES VAS A TENER UN HERMANITO

BUENO ¿QUÉ TE PARECE?

¡BONK!

HOLA,MAFALDA,¿QUÉ HACÉS TAN PENSATIVA?

NADA,MANOLITO, PIENSO QUÉ NOM-BRE LLEVARÁ MI FUTURO HERMANITO

UN NOMBRE ES PARA TO-DA LA VIDA,ASÍ QUE HAY QUE ELEGIR BIEN Y NO PO-NERLE EL PRIMERO QUE A UNO SE LE OCURRA

NO,CLARO

¡MANOLITO!

¿UN HER-MANITO?

PERO ...¿EN SERIO?

¡EN SERIO, SUSANITA!...¡MIS PAPÁS ME DIJERON QUE DENTRO DE UNOS MESES VOY A TENER UN HERMANITO!!

BUENO... ME ALEGRO MUCHÍSIMO... ¡DE VERAS!... TE FELICITO, MAFALDA

GRACIAS, SUSANITA, GRACIAS

¡NOS HEMOS DEJADO GANAR COMO UNOS ESTÚPIDOS!!!

¿POR QUÉ? ¿POR QUÉ TIENE QUE SER MAFALDA LA QUE VA A TENER UN HERMANITO Y NO YO?

¡ZAS! JUSTAMENTE AHÍ VIENE

HOLA, SUSANITA, ¿QUÉ TAL?

AQUÍ... PENSANDO UN POCO

LO QUE NO ENTIENDO ES POR QUÉ A TU HERMANITO HAY QUE ESPERARLO MESES, ¿NO PODRÍA LLEGAR ANTES?

NO, MIGUELITO, PORQUE PARÍS QUEDA MUUUUUY, MUUUUUUY LEJOS Y LA CIGÜEÑA QUE LO TRAE TIENE QUE DESCANSAR POR EL CAMINO Y ESO LA DEMORA

¿Y QUÉ TAL UN ARREGLITO CON AIR FRANCE?

MIGUELITO TIENE RAZÓN, MAMA, ¿POR QUÉ MI HERMANITO TIENE QUE PERDERSE MESES VIAJANDO HASTA AQUÍ EN CIGÜEÑA?

¡SI UN JET PUEDE TRAERLO DESDE PARÍS EN SÓLO 14 HORAS!...

¡14 HORAS! ¿TE DAS CUENTA DE TODO EL TIEMPO QUE GANARÍA EL HERMANITO?

MI MAMÁ TIENE RAZÓN, MIGUELITO, ¿PARA QUÉ DIABLOS QUIERE GANAR TIEMPO UN BEBÉ QUE NO TENDRÁ NADA QUE HACER EN TODO EL DÍA?

DECIME, MAFALDA

VOS QUE ANDÁS SIEMPRE DESPOTRICANDO CONTRA EL RACISMO Y TODO ESO

¡MIRÁ SI LA CIGÜEÑA TE DEJA COMO HERMANO UN NEGRITO! ¿EHÉ? ¡QUÉ TAL! ¡SERÍA LINDO! ¿NO? ¡MUY DEMOCRÁTICO! ¡JA! ¿POR QUÉ NO UN NEGRITO, EH?

BUENO, ¿QUÉ DIABLOS LE PASA A TU PAPÁ?

¡BUEN DÍA, PAPÁ! ¡FELIZ PRIMAVERA!

¡CHUiiiiiK!

ESTA DEBE SER LA ÚNICA HORA DEL DÍA EN QUE UNO COMPRENDE POR QUÉ EL PAÍS NO AVANZA MÁS RÁPIDO

MÑSDÍA, PAPÁ

MÑSDÍA

MÑSDÍA, MAMÁ

MÑSDÍA

A ESTA HORA SOPLA SIEMPRE UN CIERTO AIRE DE FAMILIA

PAPÁ ¿VOS CUÁNTOS
AÑOS TENÉS?
37,¿POR QUÉ?

NO. POR SABER
NO MÁS

?

¡LA FLAUTA!

¿QUÉ PILA
DE AÑOS
DECÍS QUE
TIENE?

¿SABEN? ESTUVE
PENSANDO MUCHO
EN EL FUTURO
HERMANITO
¿AJÁ?

Y LLEGUÉ A LA
CONCLUSIÓN DE QUE
MEJOR NO LO TEN-
GAMOS NADA

¡QUÉ SUSTO, EH?

MIGUELITO
TIENE MIEDO
DE QUE YO LO
QUIERA MENOS
CUANDO LLEGUE
MI HERMANITO
¿AJÁ?

EN REALIDAD YO
TAMBIÉN TENGO
MIEDO DE QUE
VOS ME QUIERAS
MENOS CUANDO
EL LLEGUE

¡PERO TONTITA!.. A VOS
NUNCA VOY A DEJAR
DE QUERERTE NI
UN POQUITO

SÍ, YA SÉ, PERO
ES COMO SI
TU CARIÑO
ABRIERA UNA
SUCURSAL

27

LO SIENTO, PERO MAFALDA TIENE QUE HACER SUS DEBERES Y NO PUEDE IR A JUGAR CON USTEDES

¡UN RATITO, SEÑORA! ¿EH?

NO, NO. YA LES DIJE QUE NO.

¿PERO SI LA MATAMOS ENSEGUIDA!... ¿EH?

¿ADÓNDE VAMOS A IR DE VACACIONES ESTE VERANO, MAMITA?

A NINGÚN LADO, MAFALDA, TENEMOS QUE QUEDARNOS A ESPERAR LA LLEGADA DE TU FUTURO HERMANITO

¿Y NO PODRÍA HABER ELEGIDO OTRA ÉPOCA EL SABOTEADOR ESE?

¡SNIF!...

¿QUÉ LE OCURRE?

NADA, QUE ACABA DE SABER QUE ESTE VERANO NO PODEMOS SALIR DE VACACIONES PORQUE TENEMOS QUE ESPERAR AQUÍ LA LLEGADA DE SU FUTURO HERMANITO

TENÉS QUE COMPRENDER, MAFALDA, NO ES POSIBLE QUE CUANDO ÉL LLEGUE NOSOTROS NO ESTEMOS

¿POR QUÉ NO?

¡PODEMOS DEJARLE LA HELADERA ATIBORRADA DE MAMADERAS!

HAY COSAS EN LAS QUE EL POBRE AÚN NO APRENDE A MANEJARSE SOLO

¿QUÉ ES LA FILOSOFÍA, PAPÁ?

AYER LE PEDÍ A MI PAPÁ QUE ME EXPLICARA QUÉ ES LA FILOSOFÍA

¿Y?

¿EH?

¡AH!

MI PAPÁ DICE QUE CADA PAÍS TIENE EL DERECHO DE GOBERNARSE A SÍ MISMO COMO MEJOR LE PAREZCA

EL PAPÁ DE MAFALDA DICE QUE CADA PAÍS TIENE DERECHO DE GOBERNARSE A SÍ MISMO COMO MEJOR LE PAREZCA

¿ESO DICE?

ESO DICE

...Y ESTAS FUERON LAS NOTICIAS INTERNACIONALES

¡TODAS MENTIRAS! ¡NI TAL NACIÓN TIENE SOMETIDA A TAL OTRA, NI TAL PAÍS TRATA DE IMPONER NADA POR LA FUERZA A TAL OTRO! ¡CUENTEROS!

¡PORQUE MI PAPÁ ME DIJO QUE CADA PAÍS TIENE EL DERECHO DE GOBERNARSE COMO LE PAREZCA! ¡Y LA MAESTRA ME ENSEÑÓ QUE LOS DERECHOS HAY QUE RESPETARLOS!

¡Y NI MI PAPÁ NI LA MAESTRA DORMIRÍAN TRANQUILOS SABIENDO QUE INCULCAN COSAS QUE NO FUNCIONAN!

¿QUÉ PASA? ¿QUÉ TOMÁS?

¿EH? ¡AH!... NNNADA, AGUA NOMÁS

DECIME PAPÁ ¿CUANDO VOS ERAS CHICO NUNCA TE PUDRISTE DE LA ESCUELA?

¿CÓMO SE TE OCURRE!? ¿DE LA ESCUELA?!

¡SÍ, DE LA ESCUELA Y LA MAESTRA Y LAS CUENTAS!...

¡LAS CUENTAS!

Y LAS ORA CIONES, SÍ, Y LOS MAPAS Y LA GEOMETRÍA Y LOS DICTADOS Y....

ELLA EMPEZÓ

"NERVO-CALM" GOTAS

¿"NERVO CALM"? ¡NO SERÁ PARA VOS ¿NO?

¿PARA MÍ? ¡NOOO!

¡AH!

ES PARA MI PAPÁ, QUE AL FINAL NO ME CONTESTÓ QUÉ DIABLOS ES EL EROTISMO ¿UD. PODRÍA EXP

FALTAN VEINTE GOTAS QUE TOMÓ EL FARMACÉUTICO

MAMÁ ¿TU PRIMER NOVIO FUE ÉSTE, O QUIÉN?

¡NO ES HORA DE VENIR CON PREGUNTAS, SINO DE DORMIR! ¡ANDÁ A LA CAMA!

PERO....YO SÓLO QUERÍA SABER SI VOS FUISTE EL PRIMER NOVIO DE MAMÁ

¡BUENO, BASTA! ¡ME OÍS? ¡BASTA!

¡¡¿EN QUIÉN ESTÁS PENSANDO, VOS?!!

¿POR QUÉ NO CACAREAMOS? ¡ACABAMOS DE PONER EL HUEVO DE UN PULÓVER!

HOLA, NENITA, VENGO A COBRAR UNA FACTURA

¿QUIÉN ES, MAFALDA?

UN BUENOIDE MATERIALISTA

EL SOL DE LA PAAAATRIA BRILLÓ CON FULGOOOOOOR LLENANDO LAS AAAALMAS DE PRÍSTINO AMOOOOOOR

BIEN, NIÑAS, Y AHORA SEÑORITA
¿SÍÍÍ? DI, QUERIDA

¿POR QUÉ NO CANTAM

MAMÁ, TE CONSEGUÍ AUDIENCIA MAÑANA A LAS 8 SIN FALTA PARA QUE HABLES DE LOS BEATLES CON LA MAESTRA DE CANTO

PAPÁ, DE ALGÚN AVISO DE ESTOS QUE SALEN ACÁ... ¿ME RECORTÁS EL AUTO QUE PENSÁS COMPRARTE?

MAMÁ ¿PUEDO IR A LA PLAZA?

NO, ESTOY MÁS TRANQUILA VIÉNDOTE ACÁ

¿QUÉ TENÍAS, MAMÁ?

UNA CANA

¡CÓMO! ¿YA? ¿YA EMPIEZAN A SALIRTE? ¿YA COMIENZ...

¿Y MAFA...

¡EN LA PLAZA!

DECIME MAMÁ, SI UNA NO SE CASA ¿PUEDE TENER HIJITOS?

¿EH?...¡AH!.... Y... MSSSI, COMO PODER, PUEDE, CLARO

PERO LOS HIJITOS DEBEN VIVIR CON SU MAMÁ Y SU PAPÁ ¡ASÍ DEBE SER Y PARA ESO HAY QUE CASARSE, FORMAR UN HOGA... ¡BUENO, BUENO! ¡ESE ES OTRO PRO-BEMA!

LA CUESTIÓN ES QUE CASADA O SOLTERA, LA GENTE PUEDE TENER HIJITOS O NO, SEGÚN LE DÉ LA GANA

TRISTE DESCUBRIMIENTO MUCHACHOS: ¡SOMOS OPTATIVOS!

UNA AFEITADA PERFECTA...

UNA CAMISA IMPECABLE.....

UN CAFÉ DELICIOSO...

UN RUBIO EXCELENTE...

....Y AQUÍ ES DONDE LA COSA DEJA DE SER COMO EN LOS ANUNCIOS

PAPÁ

¿MMH?

POR LO QUE DICE EL DIARIO YA VEO QUE ES ALGO ASÍ COMO UN LOCO, PERO DECIME.....

...¿QUÉ COSAS HACE EXACTAMENTE UN "MANÍACO SEXUAL"?

DICE PAPÁ QUE NO, QUE **OTRA VEZ** *ESE* GUISO NO, QUE PREFIERE FIDEOS

DICE MAMÁ QUE ENTONCES ME DES PARA COMPRAR LOS FIDEOS

DICE PAPÁ QUE QUÉ DIABLOS HICISTE CON LA PLATA QUE TE DEJÓ ESTA MAÑANA

DICE SUSANITA SI NO TENEMOS UN GRABADOR PARA PRESTARLE

PERO....¿POR QUÉ TENGO QUE HACERLO?

¡¡PORQUE TE LO ORDENO YO, QUE SOY TU **MADRE**!!

¡¡SI ES, CUESTIÓN DE TÍTULOS, YO SOY TU **HIJA**!!

¡Y NOS GRADUAMOS EL MISMO DÍA! ¿O NO?

¡TIMBRE! ¡Y CON LO ATRASADA QUE ESTOY!

¡BUENOSSS DÍASSS, SEÑORITA, SEÑORA: ÚTIL PARA LA DAMA O EL CABALLERO EN EL HOGAR, LA OFICINA, EL TALLER, MINIPERCHITA "PLÍC", ÚNICA MAGNÉTICA, EN MATERIAL ANODIZADO, QUE ¡PLÍC! SE ADHIERE...

...A CUALQUIER SUPERFICIE METÁLICA SIN NECESIDAD DE TORNILLOS, GRAMPAS, CLAVOS O PEGAMENTO ALGUNO, Y QUE COMO OFERTA DE FÁBRICA UD. PUEDE ADQUIRIR A MENOS DE SU VALOR REAL ¡ ¡LO QUE EN CUALQUIER COMERCIO UD. DEBERÍA PAGAR

¡¡QUÉ BIEN HABLÁS, PAPÁ!! ¡¡Y VOLVISTE!! ¡¡Y ESTA VEZ SÍ VAS A CASARTE CON MAMÁ PARA NO ABANDONARNOS MÁS!! ¿VERDAD, PAPITO?

DE NADA, MADRE

¿Y AHORA QUE TENEMOS EL AUTO ADONDE VAMOS A IR DE VERANEO, PAPÁ?

¡A LA MONTAÑA! ¡BRRRÑÑÑEEEÉÉNN! ¡AH, LOCO! ¡POR EL BORDE DEL PRECIPICIO, NOMÁS! ¡ÑÑÑÑÑÑÑÑRRRRÑÑÑÑÑÑ...

¡BONK! ¡PLONK!

UNA LONA PARA TAPARLO, ESO HAY QUE COMPRAR, PORQUE EL AIRE SALADO OXIDA LOS CROMADOS ¿CABRÁ LA SOMBRILLA EN EL BAÚL? ASÍ NO HAY QUE ALQUILAR CARPA ¿Y DE MALLAS CÓMO ESTAMOS? YO TEN... EL SHO... Y EL BE...

MENOS MAL QUE JUSTO AQUÍ A LA VUELTA HAY UN GARAJE DONDE GUARDAR EL AUTO DE NOCHE

¡Y SIMPÁTICO, EL TIPO!... LE PREGUNTÉ: -"QUEDA SEGURO, AQUÍ, ¿NO?" -"VAYA TRANQUILO, JEFE", ME DIJO

¡BUEH!... ¡A DORMIR TODO EL MUNDO!

LA PAZ ESTACIONAMIENTO
ENTRE Y SALGA DESPACIO

¡PST! PAPÁ ¿MMMH...?

ESO DE QUE LOS PADRES VELAN SIEMPRE POR SUS HIJOS.... SÍ ¿QUÉ PASA?

QUE ESTÁS DESTRUYENDO EL MITO A RONQUIDOS

¡PST, PAPÁ! ES LA HORA EN QUE MAMÁ PREGUNTA SIEMPRE QUÉ QUEREMOS CENAR ¿Y?

Y, QUE VAMOS A ARMAR LA HISTORIA DE TODOS LOS DÍAS: ~"NO SÉ, HACÉ CUALQUIER COSA"~ "QUÉ SÉ YO, ME DA LO MISMO"~ Y, LO QUE SEA MENOS TRABAJO" ~"YA TE DIJE QUE NO SÉ, ALGO SENCILLO-SENCILLO, QUÉ SÉ YO..." TENÉS RAZÓN

¿QUÉ QUIEREN CEN......

¡COBARDES!

¡LINDA IDEA DIBUJAR EN EL PISO CON ESA PORQUERÍA DE MARCADOR!...¡TOTAL!...¡ESTÁ MAMÁ QUE LIMPIA!¿NO?

NO, MAMÁ EZ BUÉNA, CUANDO VOZ TE ENOJA'Z NO EZTÁ MAMÁ, EZTÁ UNA SEÑODA ENOJADA

¡ENOJADA O NO, YO SOY SIEMPRE TU MADRE!¿ENTENDÉS?

¡NO! ¡ZOY HUEDFANITO!

¡SNÍG!

¡¡BASTA DE TELETEATRO, QUE NO ME DEJAN HACER LOS DEBERES!!

MAMÁ...   ¿MMH?

LA CAPACIDAD PARA TRIUNFAR O FRACASAR EN LA VIDA...

¿ES HEREDITARIA?

BUENO, COMÉ ¡YA LO CONTASTE TANTAS VECES!...

¡ES QUE NO ENTIENDO CÓMO ME CHOCÓ ESE BESTIA! YO VENÍA POR AQUÍ, ÉSTA ES LA AVENIDA...

...CUANDO AL LLEGAR A LA BOCACALLE VEO APARECER DE PRONTO AL ANIMAL ESE QUE VENÍA COMO UN LOCO

..PORQUE SÓLO A UN LOCO SE LE OCURRE CRUZAR ASÍ UNA AVENIDA, DECÍ QUE LO VI A TIEMPO...

Y QUE TENGO REFLEJOS RÁPIDOS, ASÍ QUE CLAVÉ LOS FRENOS, PERO EL MUY DEGENERADO, EN LUGAR DE...

...REFLEJOS RÁPIDOS, ASÍ QUE CLAVÉ LOS FRENOS, PERO EL MUY DEGENERADO...

USTEDES DOS... ¿TIENEN NUESTRA EDUCACIÓN PLANIFICADA, O LA VAN IMPROVISANDO NOMÁS?

NO, PLANIFICADA IMPROVISANDO NO

¿QUÉ DIJISTE?

¿MANDAMOS TODOS LOS DÍAS UN PADRE PARA QUE ESA MALDITA OFICINA NOS DEVUELVA ESTO?

♪ SE EQUIVOCÓ LA CIGÜEÑA, SE EQUIVOCAAABA SE EQUIVOCAAABA ♪

¡MAFALDA, APAGÁ ESA LUZ Y DORMÍ DE UNA VEZ, QUE SON LAS DOCE Y PICO!

'TÁ BIEN

¡CLIK!

¡HORAS EXTRAS!... ¡ADEMÁS DE SER LA MADRE DE UNA TODO EL DÍA ENCIMA HACE HORAS EXTRAS!

LA DONNA É MÒBILEEEE TARAIRA AL VENTOOOO

LARÍ-LA CHENTOOO E DI PENSIER'

PARÍ-PA MÓVILEEE QUAL PIUMA AL VENTOO TARÍ D'ACHENTOOO LA-RÍ PENSIEEER'

TARIIIIIII-TARIIIIIII E DI PENSIER' TARÍIIIII-TARIIIIIII E DI PENSIER'

MAMÁ ¿PAPÁ Y VOS NO PIENSAN DARNOS ALGÚN HERMANITO AL GUILLE Y A MÍ?

¿HERMANITO? NO, NO, CON USTEDES DOS YA BASTA

¿O SEA QUE EN ESTA CASA NO MÁS EXPLOSIÓN DEMOGRÁFICA?

NO MÁS EXPLOSIÓN DEMOGRÁFICA

ADEMÁS YA A ESTA ALTURA, LA DINAMITA... CLARO

ANOCHE ESTORNUDÉ UN PAR DE VECES

¿Y QUIÉN VINO Y ME PREGUNTÓ SI HABÍA TOMADO FRÍO, Y ME PUSO LA MANO EN LA FRENTE Y ME MIRÓ LA GARGANTA, EHÉÉÉ? ¿QUIÉÉÉÉÉEN?

¡¡MI PAPÁ!!

¡¡¡ÑÑÑÑÑÑÑÑÑH!!!... ¿VISTE COMO NO SOS HIJO ÚNICO?

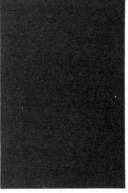

¿QUÉ PASA?

NADA, ME PARECIÓ QUE EL MUY CRETINO SE SONREÍA

MAMÁ, CUANDO CONOCISTE A PAPÁ ¿SENTISTE QUE TE DEVORABAN LAS LLAMAS DE LA PASIÓN, O APENAS QUE ALGO SE TE TOSTABA?

La calle

TENÍA QUE PASARME JUSTO AHORA QUE MI MARIDO ESTÁ POR PERDER SU EMPLEO

¡LOS PLATINOS!.. ¡SIEMPRE LOS MALDITOS PLATINOS!

¡UN ABOGADO ME DICE ESTO, OTRO AQUELLO!... ¡QUÉ SÉ YO, MIRÁ!.. ¡ESTOY DESESPERADO!

NO PUEDO QUITARME DE LA CABEZA LA DUDA DE SI LOS ÁNGELES PUEDEN VOLAR PARA ATRÁS O NO

EN ESTE MUNDO, CADA CUAL TIENE SU PEQUEÑA O GRAN PREOCUPACIÓN

¿Y LA FRUTA? ¿VIO EL PRECIO DE LA FRUTA? ¡LA FRUTA!... ¿Y LO DEMÁS? ¡QUÉ ROBO!

BUENO DESPUÉS DE TODO ESTOS PEQUEÑOS MISTERIOS SON LOS QUE HACEN VARIADA LA VIDA

COMO SIEMPRE, APENAS UNO PONE LOS PIES EN LA TIERRA SE ACABA LA DIVERSIÓN

HABÍA UN NO SÉ QUÉ DE ENCÍCLICA PAPAL EN ESA MIRADA

46

¡MMMMMMHHH!

...PARA MÍ, LO BUENO DE QUE ESTÉ POR EMPEZAR UN NUEVO AÑO ES QUE CADA VEZ NOS FALTA MENOS PARA LLEGAR AL FUTURO

¡PAZ!

¡ALEGÓRICA, LA SEÑORA!

PARECE QUE LE FUERON MAL LAS COSAS...

...Y NO TIENE DONDE CAERSE MUERTO

ESTARÁ POCO INFORMADO, HOY EL MUNDO OFRECE TODA UNA GAMA DE LUGARES PARA ESO

BUENO ¿Y CÓMO HACE UNO PARA PEGARSE ESTO EN EL ALMA?

¡USTEDES TIENEN ALGUNA BUENA NOTICIA Y NO NOS LA QUIEREN DECIR!

...¡TE JURO QUE VER AQUELLO ES ALGO QUE A CUALQUIERA LE ENCOGE EL CORAZÓN!

LO DUDO, HOY CASI TODO EL MUNDO LO TIENE SANFORIZADO

¡BUÁA'!

¿QUERÉS CALLARTE? ¡CÁLLATE TE DIGO!

¡UUUUY!; ¡MIRA, LA NENA ES COMO VOS Y NO LLORA!; ¡QUÉ VERGÜENZA, CÓMO TE MIRA LA NENA!; ¡VA A PENSAR QUE SOS UN LLORÓN!; ¿NO ES CIERTO, NENA?

¡NO!

POR SUERTE LA NENA TIENE CONCIENCIA GREMIAL

¡CUANDO VI QUE ESTABA TODA CORTADA ME DIO UNA INDIGNACIÓN!

¡ES UNA BARBARIDAD!

¡QUÉ ÉPOCA TRISTE, DIOS MÍO! ¡UNO YA NO SABE SI LA GENTE HABLA DE LECHE O DE CINE!

¡MUF!...¡MALDITO TRABAJO! ¡VOY A DESCANSAR UN POCO AQUÍ!

VENÍA A VER FELIPE ¡POBRES HORMIGAS!...SE DESLOMAN DALE QUE DALE TRABAJANDO TODA SU VIDA ¿Y TOTAL PARA QUÉ? PARA TENER HIJOS-HORMIGAS QUE A SU VEZ SE DESLOMARÁN DALE QUE DALE TRABAJANDO..

TODA SU VI....

¡SFÑIG!

¡MIRÁ QUE HAY GENTE RARA! ¿EH?

¡RRiiiiiiiiiNG!

LO QUE AÚN NO LOGRO SABER ES SI ESTO LO HAGO DE AUTÉNTICO TRAVIESO O DE ESTÚPIDO COSTUMBRISTA

PERO....¿A VOS TE ALEGRA EN SERIO QUE TU PAPÁ VAYA A COMPRARSE UN AUTO ASÍ?

POR SUPUESTO, MIGUELITO

ES UNO DE LOS POCOS AUTOS EN LOS QUE LO IMPORTANTE SIGUE SIENDO LA PERSONA

¡GRACIAS A DIOS, LLEGÓ LA PRIMAVERA!

GRACIAS A DIOS, LLEGUÉ A LA PRIMAVERA

¡Y YO DICIENDO TRIVIALIDADES!

¡MIRÁ, SÍ ES POR LO QUE ME DEBE, QUE SE LO GUARDE! ¡CUANDO SE LA PRESTÉ YA SABÍA QUE ERA PLATA PERDIDA!

¡DE TODO HAY EN ESTE SUPERMERCADO DE DIOS!

PIERDEN SU TIEMPO, AHÍ TAMPOCO ESTÁ LA FELICIDAD

HOLA, MIGUELITO ¿QUÉ HACÉS MIRANDO ESE CHARCO?

ESTABA DEJANDO MI IMAGEN EN ESTE AGUA

ASÍ, CUANDO SE EVAPORE, CADA GOTITA LLEVARÁ UN POCO DE MÍ A TODO EL AIRE DE LA CIUDAD

CUANDO MAÑANA EN EL NOTICIOSO DIGAN EL PORCENTAJE DE HUMEDAD, YA SABÉS DE QUIÉN ESTARÁN HABLANDO

HOLA, FELIPE ¿QUÉ HACÉS MIRANDO ESE CHARCO?

ESTABA DEJANDO MI IMAGEN EN ESTE AGUA

ASÍ, CUANDO SE EVAPORE, CADA GOTITA LLEVARÁ UN POCO DE MÍ A TODO EL AIRE DE LA CIUDAD

Y APARTE DE ESO ¿EN QUÉ OTRA COSA INTERESANTE ANDÁS?

OTRO QUE CREYÓ QUE LO ÚNICO QUE HAY POR DELANTE ES EL PORVENIR

¡PIBES? Y, NO... ¡IMAGINATE POR AHORA VIVIMOS EN UN DEPARTAMENTITO DE UN SOLO AMBIENTE

FLORES PLÁSTICAS GRAN SURTIDO

ME PREGUNTO SI LA VIDA MODERNA NO ESTARÁ TENIENDO MÁS DE MODERNA QUE DE VIDA

¡CAMBIAR EL MUNDO! ¡JÁH!...¡COSAS DE LA JUVENTUD!

TAMBIÉN YO CUANDO ERA ADOLESCENTE TENÍA ESAS IDEAS, Y YA VE.....

¡SONAMOS, MUCHACHOS! ¡RESULTA QUE SI UNO NO SE APURA A CAMBIAR EL MUNDO, DESPUÉS ES EL MUNDO EL QUE LO CAMBIA A UNO!

¡RACISTAS!

51

¡MMMMMMMMHHH!
¡QUÉ HERMOSA LLUVIA!

¡QUÉ HERMOSO RESFRÍO!

¿POR QUÉ NO VAS A TU CASA?

ASÍ ES COMO LUEGO SE ENFERMAN

¡DAR TRABAJO! ¡PARECE QUE LES GUSTARA DAR TRABAJO!

LO QUE NOS FALTABA: ¡¡COMANDOS PARAMATERNALES.!!

LA VERDAD, SER CHICO TAMBIÉN TIENE SUS VENTAJAS

SÍ, CLARO

UNO NO TIENE QUE TRABAJAR...

LOS PADRES ESTÁN TODO EL TIEMPO CUIDÁNDOTE LA SALUD...

Y ADEM....

QUINO

¿VAMOS A CALLARNOS A MI CASA?

¡CHÍÍSS!

SALUD

¡MENOS MAL! LLEGABA A DECIRME *GRACIAS* Y DESPACHURRO EL PRESUPUESTO FAMILIAR PAGANDO PSICOANALISTAS

HOLA ¿CÓMO TE LLAMÁS?

MAFALDA

QUÉ BIEN ¿Y VAS A LA ESCUELA?

QUINO

SÍ, CLARO ¿Y UD. PAGA TODOS SUS IMPUESTOS?

ÉL EMPEZÓ A HABLAR DE OBLIGACIONES

El colegio

¡POBRE MAMÁ! ESTÁ PREOCUPADA PORQUE MAÑANA EMPIEZO A IR AL JARDÍN DE INFANTES Y TIENE MIEDO QUE NO ME GUSTE

EN REALIDAD, NO ME COSTARÍA NADA TRANQUILIZARLA DICIÉNDOLE QUE YO QUIERO IR AL JARDÍN DE INFANTES, Y LUEGO AL COLEGIO Y A LA UNIVERSIDAD Y TODO ESO.

¿SABÉS MAMÁ? ¡YO QUIERO IR AL JARDÍN DE INFANTES Y LUEGO ESTUDIAR MUCHO PARA NO SER EL DÍA DE MAÑANA UNA MUJER FRUSTRADA Y MEDIOCRE COMO VOS!

¡ES BUENO RECONFORTAR A UNA MADRE!

¿CABRÁ AQUÍ **TODO** LO QUE EN LA ESCUELA ME VAN A METER EN LA CABEZA?

¿CÓMO TE FUE EN TU COLEGIO, FELIPE? ¿TE ENSEÑARON YA A ESCRIBIR?

¡CÓMO QUERÉS QUE ME ENSEÑEN A ESCRIBIR EN MI PRIMER DÍA EN PRIMER GRADO!

PERO... ¡ESTUVISTE **TODA** UNA MAÑANA!

¡SÍ, CLARO, PERO HAY QUE LLENAR PÁGINAS Y PÁGINAS DE PALOTES, LETRAS, SÍLABAS Y QUÉ SÉ YO!...

...¡TARDAN MESES EN ENSEÑARTE A ESCRIBIR!...

¿¡MESES!?

¡MALDITOS BURÓCRATAS!

HACER PINTAR LIBREMENTE A LOS CHICOS AYUDA A CONOCER A CADA UNO

PORQUE LA PINTURA DESCUBRE LA PERSONALIDAD...

¡YO DIRÍA QUE LA CUBRE!

55

¿Y VOS, QUÉ TAL, MANOLITO? ¿SACASTE MEJORES O PEORES NOTAS QUE LA VEZ PASADA?

BUENO, ¿QUÉ TE DIRÉ? PARECE QUE YO A LA MAESTRA LE DESPIERTO UNA ESPECIE DE SIMPATÍA COMERCIAL

¿SIMPATÍA COMERCIAL? ¿Y ESO QUÉ QUIERE DECIR?

QUIERE DECIR QUE MIENTRAS MÁS ME CONOCE, MÁS DESCUENTO ME HACE

....Y PESE A LAS BURLAS Y A LA INCOMPRENSIÓN DE TODOS, COLÓN SEGUÍA AFIRMANDO QUE LA TIERRA ERA REDONDA

¡REDONDA!...¡QUÉ BRUTO!

VIMOS QUE TE TOCÓ UNA MAESTRA JOVEN FELIPE ¿QUÉ TAL ES?

¿MMMMH?

¡TU MAESTRA! ¿QUÉ TAL ES TU MAESTRA?

¡MMMMMMMHHH!

¡LO QUE NOS FALTABA!... ¡¡QUE ESTE ESTÚPIDO SE PASE AL SECTOR PATRONAL!!

¡JÁ!...¡ASÍ QUE TE HAS ENAMORADO DE TU MAESTRA ¿EH? ¡PUES YO ME RÍO! ¿VES? ¡AJÁ! ¡AJÁ!

¡SOS UN PAPANATAS Y TE ODIO!

¡MCHUÚÚK!

¡ESTÚPIDO!

¡SÑÍG!

LOS OTROS DÍAS LEÍ EN EL DIARIO CÓMO FUNCIONA LA CAJA DE CAMBIOS DEL "FORD-LOTUS" Y TAMPOCO ENTENDÍ UN PITO

PRIMERO EXPLOTÓ EL CALEFÓN Y VOLÓ LA MITAD DE MI CASA...

...LUEGO REVENTARON LAS CAÑERÍAS Y SE INUNDÓ TODO EL RESTO MIENTRAS UN CORTOCIRCUITO INCENDIABA LO QUE SOBRESALÍA DEL AGUA...

...MÁS TARDE VINIERON UNOS LADRONES Y NOS ROBARON LO QUE QUEDABA...

...Y DESPUÉS AL BORRAR UN POCO SE ME ROMPIÓ LA HOJA DEL DEBER SEÑORITA

"Victor ve la uva de la viña. ¿Es buena esa uva, Don Braulio?"

"-Sí, Victor, esa uva es buena. -¡Don Braulio, vea los barriles de buen vino!"

HABRÍA QUE LEVANTAR UN MONUMENTO A ESTOS SACRIFICADOS AUTORES QUE EN VEZ DE ESCRIBIR COSAS TRASCENDENTES PREFIEREN ENSEÑARNOS A LEER

¡YO NO PRETENDO QUE LA MAESTRA NOS TRAIGA LOS MÁS RECIENTES DESCUBRIMIENTOS ESPACIALES PERO ESO DE QUE VENGA Y DIGA......

"CRISTÓBAL COLÓN DESCUBRIÓ AMÉRICA EN MIL CUATROCIENTOS NOVENTAYDOS"

...NO ES PRECISAMENTE UN CABLE DE ÚLTIMO MOMENTO! ¿NO?

¡YO CREÍ QUE LA ESCUELA ERA OTRA COSA.....Y NO UN LUGAR EN QUE ENSEÑAN VEJECES!

¡QUE COLÓN, QUE LOS CONQUISTADORES, QUE LOS INDIOS, QUE TAL BATALLA, QUE TAL OTRA!... ¡TODO DEL TIEMPO DE ÑAUPA!

¡PERO ASÍ ES LA HISTORIA HOMBRE! ¿CÓMO QUERÉS QUE TE LA ENSEÑEN?

¡PARA ADELANTE!

NO, FELIPE NO QUIERE SALIR A JUGAR NI VER A NADIE, DICE QUE ESTÁ ANGUSTIADO PORQUE LE COMIENZAN LAS CLASES

¡LE COMIENZAN? ¡DÍGALE A ESE ANGUSTIADO QUE LAS CLASES NO LE COMIENZAN A ÉL SOLO SINO A TODOS! ¡QUE PIENSE TAMBIÉN EN LOS DEMÁS!

DICE QUE PENSAR EN LOS DEMÁS NO, QUE SU ANGUSTIA NO ES UN CONVENTILLO

¡APURÁ, FELIPE, QUE MI PAPÁ NOS LLEVA EN AUTO A LA ESCUELA!

¡YA V... ¿EN AUTO?
¡SÍ, VAMOS!

LO SIENTO, SR., HUBO UN ASALTO FRENTE AL COLEGIO, LA ZONA ESTÁ RODEADA Y CERRADOS TODOS LOS ACCESOS

¡DALE, CHÉ! ¡QUÉ HACÉS? ¡MIRÁ QUE LLEGAMOS TARDE!

PERMISO, SEÑORITA ¿PUEDO IR AL BAÑO?

¿ES URGENTE?
¡URGENTÍSIMO!
ESTÁ BIEN

¡¡LA ⊙✳#♯¾€ AL TONELERO QUE PASÓ LOS 218 LITROS DE UNA BARRICA DE VINO A NO ME SALE CUÁNTAS BOTELLAS DE 75 CENTILITROS %!!

GRACIAS

¡HOLA! ¿SABÉS QUE ESTE BIMESTRE SAQUÉ MEJORES NOTAS QUE LAS QUE YO ESPERABA EN LA LIBRETA DE CALIFIC...

¡¡SSSHH!!...
?

¡¡NO NOMBRES VIETNAM DELANTE DE NIXON!!

ESTOY EMPEZANDO A SOSPECHAR QUE CUANDO LA MAESTRA PREGUNTA ALGO NO ES PORQUE ELLA NO LO SEPA

DECÍME, PAPAFRITA ¿RECIÉN TE DAS CUENTA DE ESO, O ME ESTÁS TOMANDO EL PELO?

TE ESTOY TOMANDO EL PELO

¡ANDATE AL CUERNO ENTONCES!

¡¡Y YO CONTESTÁNDOLE TODO A ESA SIMULADORA CON MI ESTÚPIDO TONITO PATERNAL!!

NUESTRO SUELO ES UNO DE LOS PRINCIPALES PRODUCTORES...¿DE?...

PESIMISTAS

¡¡CERO EN SINCERIDAD!!

ANOTEN, DEBER PARA MAÑANA, COMPOSICIÓN TEMA: LA VACA

¿OTRA VEZ?

¿HAY DERECHO?¡UN AÑO Y OTRO AÑO Y OTRO AÑO DÉLE Y DÉLE ESCRIBIR SOBRE LA VACA! ¿NO HAY OTRO TEMA, DIGO YO? ¡LA VACA! ¡SIEMPRE LA VACA!

"LA VACA NOS DA LA LECHE"

¿Y LA DE TINTA QUE NOS CHUPA?

SALUD, MANOLITO ¿POR QUÉ TAN ALICAÍDO?

Sr. Goreiro:
más que hacer los deberes, su hijo los perpetra.
La maestra.

PARECE QUE LOS MAESTROS SIGUEN MEDIO CON LÍOS GREMIALES ¿NO?

Y, SÍ

¡MIRÁ SI EN VEZ DE PAROS Y HUELGAS LES DIERA POR HACER SABOTAJE Y ENSEÑARNOS TODO MAL!

¿CÓMO TODO MAL? ¿POR EJEMPLO?

"A LOS ADVERBIOS SE LOS DISTINGUE POR SU HIPOTENUSA PECIOLADA DE ORDEN VERTEBRADO"

Y A MÍ EL DÍA MENOS PENSADO ME SACUDEN UN CERO POR NO SABERLO ¡MECACHO!

"¿YO AL FRENTE? "BIEN, SEÑORITA"

"VEAMOS: EN 1583 DON JUAN DE GARAY FUÉ MUERTO POR ¿QUIÉNES?..."

"¡AH, NO! ¡YO BESTIA SÍ, DELATOR JAMÁS!"

LOS VERBOS TERMINADOS EN "ER" ¿CORRESPONDEN A LA PRIMERA, LA SEGUNDA O LA TERCERA CONJUGACIÓN?

¿A VER SI, TENGO AQUÍ... ¡SÍ!

LE DEJO MI TELÉFONO CUARSBSIETE-DOS OCHO DOS OCHO, AHÍ ESTÁ. A ESO DE LAS CUATRO UD. ME LLAMA QUE YO LE TENGO AVERIGUADO ESE ASUNTO ¡AH! SÍ POR CUALQUIER COSA SALÍ A JUGAR TAL VEZ ME ENCUENTRE EN MÑBSEIS-TRES UNO CIN

¡VAMOS, FELIPE!...¡HAY QUE MIRAR EL LADO POSITIVO DE VOLVER A EMPEZAR UN NUEVO AÑO DE CLASES!

HAY QUE PENSAR EN EL REENCUENTRO CON VIEJOS COMPAÑEROS, EN LO LINDO DE CONOCER NUEVOS AMIGOS...

...Y EN LA ALEGRÍA DE LOS RECREOS

SÍ, CLARO, TENÉS RAZ.....¡CÓMO!...¿LO TENÍAS ANOTADO EN UN PAPELITO?

Y, SÍ, SI HAY QUE VER EL TRABAJO QUE ME COSTÓ ¡TODA LA MAÑANA PARA ENCONTRAR ESOS TRES ESTÚPIDOS ARGUMENTOS DE PORQUERÍA!

LO BUENO DE ESTOS PRIMEROS DÍAS DE CLASE ES QUE LA MAESTRA TODAVÍA NO CONOCE BIEN A CADA ALUMNO

PARA ELLA POR AHORA SOMOS TODOS MÁS O MENOS IGUALES, NO HAY MEJORES, NI PEORES, NI NADA

HASTA ES CAPAZ DE PENSAR QUE TAL VEZ YO PUEDO LLEGAR A SER EL PRIMERO DEL GRADO

¡LA MUY BESTIA! ¡YO!...¡YO EL PRIJÁ-JÁ-JÁ-JÁ DEL GRAJÁ-JÁ-JÁ

BIEN, AHORA GUARDEN TODOS SUS ÚTILES

MENOS LÁPIZ, GOMA DE BORRAR Y UNA HOJA EN BLANCO EN LA QUE ANOTARÁN: "PRUEBA ESCRITA"

PERDÓN ¿Y SI APELÁRAMOS A LA SENSATEZ Y DEJÁRAMOS LA COSA PARA OTRO DÍA?

DIGO..... PARA EVITAR UN INÚTIL DERRAMAMIENTO DE CEROS

BUENO, Y AL FINAL ¿QUÉ DEBERES HAY QUE HACER PARA MAÑANA?

ESPERA A VER...

UNA COMPOSICIÓN SOBRE "EL MUNDO DEL PORVENIR"

Y TRAER UNAS ORACIONES CON EL FUTURO DEL VERBO VIVIR

¿UNAS ORACIONES O UNAS PLEGARIAS?

Así va el mundo

...Y ESTAS HAN SIDO LAS NOTICIAS DEL PANORAMA MUNDIAL.

¡AAAAAAY!

AH... CREÍ QUE ERA EL MUNDO EL QUE SE HABÍA QUEJADO

..."HIZO EL PAPA UN NUEVO LLAMADO A LA PAZ"...

Y LE DIÓ OCUPADO, COMO SIEMPRE ¿NO?

¡APÚRATE, FELIPE! NO QUIERO PERDER EL NOTICIOSO ¡SEGURO DIRÁN ALGO DEL "MARINER" Y LAS FOTOS DE MARTE!

¡VIDA EN MARTE! ¿NO ES SORPRENDENTE QUE HAYA VIDA EN OTROS PLANETAS?..

"...Y BOMBARDEARON INTEN-SAMENTE VIET-NAM DEL NORTE.- -GINEBRA: NO SE LLEGA A UN ACUERDO SOBRE DESARME NUCLEAR. - JORDANIA: UN NUEVO TIROTEO CON TROPAS DE ISRAEL."...

LO SORPRENDENTE ES QUE HAYA VIDA EN ESTE PLANETA

¿HACIA DÓNDE CREEN USTEDES QUE SE DIRIGE LA HUMANIDAD?

HACIA ADELANTE, POR SUPUEST....

¡ADELANTE ES PARA ALLÁ'!

¡ALLÁ NO ES "ADELANTE"! ¡PERO ES MI "ADELANTE"? ¡TU "ADELANTE" NO ES MI "ADELANTE"! ¡NO! EMPIEZO A COMPRENDER POR QUÉ A LA HUMANIDAD LE CUESTA TANTO IR HACIA ADELANTE

¡CLARO! ¿CÓMO NO VA A ANDAR MAL EL MUNDO?

SI CUANDO EN NORTEAMÉRICA ES MEDIANOCHE, EN CHINA ES MEDIODÍA

Y CUANDO EN CHINA ES MEDIANOCHE, EN NORTEAMÉRICA ES MEDIODÍA

¿CÓMO DEMONIOS PUEDEN LLEGAR A ENTENDERSE DOSCIENTOS MILLONES DE TIPOS ALMORZANDO CON SEISCIENTOS MILLONES DE TIPOS DURMIENDO?

ES UNA CARTA IMPORTANTE, FELIPE ¡POR FAVOR, ESCRÍBIMELA!

BUENO, ESTÁ BIEN, DAME

"AL SR. SECRETARIO GENERAL DE LA ONU: CONSIDERANDO QUE CUANDO EN WASHINGTON Y LONDRES ES DE DÍA,....."

!

"....EN MOSCÚ Y PEKÍN ES DE NOCHE....¿HA PENSADO USTED QUE TAL VEZ...."

"...LO QUE DIVIDE AL MUNDO, NO ES LA POLÍTICA, SINO LA CAMA?"

PAPÁ...

¿HUH?

LOS CHINOS SON UN PELIGRO PARA EL MUNDO OCCIDENTAL ¿NO?

SSSÍ

Y AHORA QUE PARA NOSOTROS ES DE NOCHE Y ESTAMOS DESCANSANDO...

..PARA ELLOS ES DE DÍA Y ESTÁN TRABAJANDO ¿NO?

SÍ CLAR.... !

MÁS INFORMACIONES, CORRESPONDEN AL EXTERIOR

LA UNIÓN SOVIÉTICA RECHAZÓ HOY... "UNA PROPUESTA DE ESTADOS UNIDOS"

...UNA PROPUESTA DE ESTADOS UNIDOS

¡AHÍ ESTÁ! ¿NO TE DIGO?

LO BUENO QUE TIENE ESTE MUNDO ES QUE ¡ÑIC! FUNCIONA COMO UN RELOJ

67

68

¿LOS GATOS A QUÉ SECTOR DE LA DEMOCRACIA REPRESENTAN?

¿NO CREÉS QUE CADA DÍA ESTÁN MÁS TORCIDOS?

SÍ, EN REALIDAD NO TIENEN NADA DE DERECHOS

NO TE GASTÉS, MANOLITO; ESTAMOS HABLANDO DE LOS DERECHOS HUMANOS

PAPÁ, ¿EN ESTE MUNDO SOMOS TODOS IGUALES?

SÍ, MAFALDA, SOMOS TODOS IGUALES, ¿PERO POR QUÉ NO TE DORMÍS, EN VEZ DE ANDAR PREOCUPÁNDOTE POR ÉSAS COSAS?

SI NO ME PREOCUPO, SÓLO PREGUNTABA, NOMÁS

BUENO, HASTA MAÑANA

¡PST!..... ¿IGUALES A QUIÉN?

¡FFFHÚ!

¡YA TUVO QUE DEJAR SU OPINIÓN SOBRE ESTE MUNDO!

¡TIC!

"...SU DESAPARICIÓN PRIVA A LA PANTALLA DE UNA DE SUS MÁS GRANDES FIGURAS..."

¿QUIÉN?

"...CUYO ARTE INIGUALABLE NO OLVIDAREMOS JAMÁS"

¿PERO QUIÉN? ¿QUIÉN?

Y POR HOY, AMIGOS, NADA MÁS, SERÁ HASTA MAÑANA

¡Y NO DIJO!

¡DIOS MÍO!...

¡QUE NO HAYA MUERTO EL PÁJARO LOCO!

ESTA MAÑANA LA MAESTRA CREYÓ QUE ERA YO LA QUE ESTABA CONVERSANDO EN CLASE Y ME RETÓ

LUEGO, AL MEDIODÍA LLEGUÉ A CASA Y ¡ZÁS!...¡MI MAMÁ HABÍA HECHO SOPA!

A LA TARDE VINO SUSANITA Y CON EL BRAZO DEL TOCADISCOS ME RAYÓ EL LONG-PLAY DE LOS BEATLES

REALMENTE....HA SIDO UNO DE ESOS DÍAS EN QUE LO MALO DE UNO SON LOS DEMÁS

¡QUÉ RARO, MAFALDA! ¿VOS JUGANDO A LA MAMÁ?

BUENO, PUES... SÍ

DE VEZ EN CUANDO CONVIENE SACAR A PASEAR UN POCO EL INSTINTO

"LA VIDA COMIENZA A LOS CUARENTA"

¡¿Y ENTONCES PARA QUÉ CUERNOS NOS HACEN VENIR CON TANTA ANTICIPACIÓN?!

"NO ES NECESARIO UN ANÁLISIS MUY PROFUNDO PARA VER QUE DESDE EL ARCO Y LA FLECHA...

...HASTA LOS COHETES TELEDIRIGIDOS, ES SOR- PRENDENTE LO MUCHO QUE HA EVOLUCIONADO LA TÉCNICA"

Y DEPRIMENTE LO POCO QUE HAN CAMBIADO LAS INTENCIONES

DIRECCION GENERAL IMPOSITIVA

Y LO PEOR DE TODO ES ESA SENSACIÓN DE TENER JUGO DE LIMÓN EN LAS VENAS

BRiip

¡ÉSTE NO HACE MÁS QUE COMER TIEMPO Y CADA DÍA ESTÁ MÁS FLACO!

LO LINDO DE UN AÑO NUEVO ES QUE VIENE TODO LLENO DE DÍAS SIN ESTRENAR

ES COMO EMPEZAR A ESCRIBIR EN UN BLOCK CON TODAS SUS HOJAS LISITAS Y EN BLANCO ¿NO?

SÍ, LA ÚNICA PENA ES QUE HAYA TANTOS CODOS ROZANDO EL TINTERO

PROHIBIDO
FIJAR
CARTELES

PROHIBIDO
ESTACIONAR

RECONFORTA VER CÓMO POCO A POCO EL HOMBRE HA IDO LOGRANDO DAR RIENDA SUELTA A SU LIBERTAD DE LIMITARSE

CUANDO NO SON LOS DEBERES ES OTRA COSA, LA CUESTIÓN ES QUE FELIPE SIEMPRE BUSCA MOTIVOS PARA ANGUSTIARSE

BUENO, YO DIGO ESO DE FELIPE, PERO ME PARECE QUE QUIEN MÁS QUIEN MENOS TODOS SOMOS UN POCO COMO ÉL

PORQUE FRANCAMENTE, SI PARA SABER MANEJARSE A UNO MISMO HUBIERA QUE RENDIR EXAMEN....

¿QUIÉN ES EL MACHITO QUE TENDRÍA EL CARNET?

ME PREGUNTO POR QUÉ UNA MUJER NO PUEDE LLEGAR A PRESIDENTE DE LA NACIÓN, POR EJEMPLO

SECRETO DE ESTADO

¡AH!

CLARO... LO MALO ES QUE LA MUJER EN VEZ DE JUGAR UN PAPEL, HA JUGADO UN **TRAPO** EN LA HISTORIA DE LA HUMANIDAD

ES QUE NO QUEREMOS EMPEZAR LA PRIMAVERA AMARGÁNDONOS

¡PST! MAFALDA, SACA TU CARTA Y CONOCERÁS EL FUTURO

TONTERÍAS, SUSANITA, HACE RATO QUE LA ONÚ SACÓ LA SUYA Y MIRA LO DESPISTADA QUE ANDA

¿SAPISTI KA UÑI BESTIAPLANÈTE ARTEFAKTE POSAVI IN LUNETA SUPRAFIZIE?

¿¡IN LUNETA SUPRAFIZIE?!

TA'H, EP OTRE BESTIA-PLANÈTE ARTEFAKTE, ¡CLÍK, CLÍK, CLÍK! MARTÈPLANÈTE PHOTOGRAFINKA

¡HABI COMINCHATIE BESTIAKONTAMINAZION UNIVERSÁTI!

¡¡ESTO ES EL ACABÓSE!!

NO EXAGERE, SÓLO ES EL CONTINUÓSE DEL EMPEZÓSE DE USTEDES

HE NOTADO ALGO CURIOSO EN MI PAPÁ

DE NOCHE CUANDO SE ACUESTA APAGA LA LUZ ¿NO?, Y DESDE MI CAMA LO OIGO SUSPIRAR MUY PREOCUPADO: "※AY, DIOS※!"..... LUEGO DE UN RATITO, OTRA VEZ: "※AY, DIOS※!"...

Y MÁS SE ACERCA FIN DE MES, MÁS MÍSTICO SE PONE ¿NO?

DECIME, MAFALDA, CUANDO TU PAPÁ SE ACUESTA, DE NOCHE ¿NUNCA LO OÍSTE SUSPIRAR "※AY, DIOS※!"?

SÍ ¿POR?

PORQUE SEGÚN MANOLITO, CUANTO MÁS SUSPIRA "※AY, DIOS!※" UN PADRE, MÁS LÍOS ECONÓMICOS TIENE

¡MA'H, SALÍ!.... ¡ESO ES UN MACANAZO DE MANOLITO!

TEOLOGÍA DEL ENDEUDADO LO LLAMA ÉL

¡OÍME, PEDAZO DE BESTIA HEREJE! ¿QUÉ ES ESO QUE LE DIJISTE A MIGUELITO?

¿YO? ¿QUÉ LE DIJE?

¡QUE CUANDO ALGUIEN SUSPIRA "※AY, DIOS!※" ES PORQUE TIENE LÍOS ECONÓMICOS! ¿VOS CREÉS QUE TODO EL MUNDO TIENE ESA IDEA DE DIOS?

NO, POR SUPUESTO

ESTÁN LOS QUE LO MOLESTAN POR TONTERÍAS

¡APAGÁ ESA LUZ, MAFALDA! ¿EH? ¡DORMITE DE UNA VEZ!

¡'TÁ BIEN!

¡Y MAÑANA TENGO UN VENCIMIENTO! ¡MALDITA LA HORA EN QUE ME METÍ CON LA FINANCIACIÓN PARA COMPRAR EL AUTO!

¡※AY, DIOS※!

"SECCIÓN AUTOMOTORES TERCERA NUBE A LA DERECHA, HIJO MÍO"

PAPÁ ¿EN TU ÉPOCA DE MU-
CHACHO LOS VIEJOS SE
ESCANDALIZABAN DE UDS.?

¡PUF!... ¡DECÍAN DE TODO!

"¡QUÉ BARBARIDAD, VES-
TIRSE ASÍ!; YO NO SÉ
ADÓNDE VAMOS A PARAR!
¡EN MIS TIEMPOS NO SE
VEÍAN ESTAS COSAS!"

¡ES INCREÍBLE!
¡IGUALES A LOS
VIEJOS DE AHORA!

¿VISTE?

¡Y ESO QUE EN MIS TIEMPOS
NO NOS VESTÍAMOS COMO
PAYASOS AFEMINADOS, NI SE
VEÍAN LAS COSAS QUE SE VEN HOY
NI ÉRAMOS VAGOS, N

¿QUÉ PASA?

ME DA MIEDO ENCEN-DER LA RADIO

SERÍA MUY TRISTE ES-
CUCHAR UN NOTICIOSO
Y VER QUE DURANTE
TODOS LOS DÍAS QUE
ESTUVIMOS DE VERA-
NEO EL MUNDO NO
MEJORÓ NADA

PARA QUE MEJORARA
LOS QUE TENDRÍAN
QUE HABERSE
IDO DE VERANEO
SON LOS QUE
LO MANEJAN
ASÍ

¿ME FIRMARÍAS
UN AUTÓGRAFO?

¡BUROCRACIA!

SU LECHUGUITA

¿Y DIOS HABRÁ PATENTADO
ESTA IDEA DEL MANICOMIO
REDONDO?

PAPÁ, EL MUNDO... O SEA, LA TIERRA...

...¿DE QUÉ SEXO ES?

¿CÓMO DE QUÉ SEX...?

¡¡PERO MAFALDA!! ¿CÓMO VA A TENER SEXO EL MUNDO?!

¿TODAS TENÍA QUE LIGARLAS, EL POBRE? ¿TODAS?

AL FIN DE CUENTAS LA HUMANIDAD NO ES NADA MÁS QUE UN SANDWICH DE CARNE ENTRE EL CIELO Y LA TIERRA

MAFALDA ¿PODÉS IR A COMPRAR EL PAN?

¿CON EL SUDOR DE MI FRENTE? VOY

¿DE DÓNDE SALIÓ ESO DE "GANARÁS EL PAN CON EL SUDOR DE TU FRENTE", MAMÁ?

ESO SE LO DIJO DIOS A ADÁN

AH

¿Y ME EQUIVOCO, O LA INVASIÓN DE DESODORANTES EMPEZÓ CUANDO DESPUÉS TODO EL MUNDO TUVO QUE IR GANÁNDOSE LA HELADERA, EL LAVARROPAS, EL TELEVISOR, EL AUTO, EL DEPARTAME...

HOY, QUE VIVIMOS EN UNA SOCIEDAD MODERNA...

¿SUCIEDAD MODERNA?

¡SOCIEDAD MODERNA!

¿ZOOCIEDAD MODERNA?

80

Mafalda y la sopa

¿CÓMO HABRÁ SIDO EL ASUNTO? ¿LAS DOS COSAS SERÁN OBRA DE UN MISMO SÁDICO?

¿O POR PURO GUSTO DE FASTIDIAR EN EQUIPO, UN CRETINO INVENTÓ LA CUCHARA Y AHÍ NOMÁS A OTRO DEPRAVADO SE LE OCURRIÓ LA SOPA?

NO, EL DICCIONARIO NO DICE QUE SEA MALA PALABRA

¿NOOOO?

¿Y QUE ES UNA ASQUEROSIDAD INMUNDA?¿EEH? ¿NO DICE QUE ES UNA ASQUEROSIDAD INMUNDA?

NO, TAMPOCO

¡NO PUEDE SER!... LEÉ, A VER

"SOPA: (del alemán, suppe) PLATO DE CALDO CON PAN, PASTAS, FÉCULAS, ETC."

?

MAMÁ ¿PUEDO DECIRTE QUE ESTA SOPA ES UN BREBAJE ESPANTOSO?

¿EEH?

¿Y QUE ES LA PORQUERÍA MÁS INMUNDA QUE HE PROBADO EN MI VIDA?

¿O TE MOLESTA LA CRÍTICA CONSTRUCTIVA?

¿QUÉ RECORTÁS DEL DIARIO, MAMITA?

UNA RECETA

¿ALGO RICO?

SOPA DE PESCADO

¡MALDITA SEA LA LIBERTAD DE PRENSA!

¿QUÉ MAL HAN HECHO LAS GALLINAS? ¡NINGUNO!!!

¿DE QUÉ SON CULPABLES LAS GALLINAS? ¡DE NADA!

¡¡TUS MANOS, MADRE, ESTÁN TINTAS EN CALDO DE INOCENTES!!!

LE PARECERÁ TRISTE, RAQUEL, PERO EN MOMENTOS COMO ESTE "MAMÁ" ES TAN SOLO SU SEUDÓNIMO

¡SOPA EN VERANO! ¿A QUIÉN SE LE OCURRE HACER SOPA EN VERANO? ¡A NADIE! ¡SOLO A VOS SE TE OCURRE HACER SOPA EN VERANO!

¿VERDAD QUE SOY ORIGINAL?

...ÉSTA POR DARLE ARGUMENTOS AL ENEMIGO, ¡GULP!... ÉSTA POR TARADA, ¡GLUP!... ÉSTA POR NO SABER QUÉ CONTESTAR, ¡GULP!... ÉSTA POR

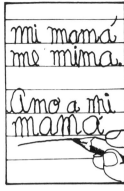

Mi querido Diario Íntimo: Hoy me levanté muy contenta,.....

.....por lo que creo que durante el día mi estado de ánimo será bueno.......

SNIF SNIF

.....desmejorando hacia el mediodía, con probabilidades de sopa.

¿SÑIF? ¡ZAS!

¿ESTÁS HACIENDO SOPA, MAMÁ? SÍÍÍ

Y SE SUPONE QUE QUERRÁS OBLIGARME A TOMARLA, ¿NO? EXACTO

¡PUES TENDREMOS UNA ESCENA, PORQUE ÚLTIMAMENTE LE ESTOY PERDIENDO RESPETO A LA PREPOTENCIA!

¡ESTÁ BIEN! ¡NO TOMÁS LA SOPA: NO COMÉS POSTRE!!

¡NO LA TOMO Y NO LA TOMO! ¡Y YO SERÍA UNA REPUGNANTE SI HUBIERA ALGÚN SOBORNO CAPAZ DE HACERME DESERTAR DE MIS PRINCIPIOS, TRAICIONAR MIS CREENCIAS Y VENDER MIS CONVICCIONES!!

PANQUEQUES

¡¡QUÉ ASCO ME DOY A VECES!!

¡LA SOPA ES A LA NIÑEZ LO QUE EL COMUNISMO ES A LA DEMOCRACIA!

De vacaciones

CONTAME, MAMÁ, ¿CÓMO ES EL LUGAR DONDE VAMOS A VERANEAR?

¡AH... ESTUPENDO!... ¡CON MARAVILLOSOS LAGOS RODEADOS DE MONTAÑAS Y BOSQUES HERMOSÍSIMOS!

¿Y QUIÉN HIZO TODO ESO TAN LINDO?

TODO ESO TAN LINDO LO HIZO DIOS

¡QUÉ LÁSTIMA QUE AQUÍ LE DIERAN LA LICITACIÓN A OTROS!

A VOS LA MODESTIA DEBE IMPORTARTE UN PITO ¿NO?

¿Y NUNCA SE TE OCURRIÓ CONSULTAR A UN PSICOANALISTA?

¿Y SI EN VEZ DE VOLVER A CASA NOS QUEDÁRAMOS A VIVIR AQUÍ? ¡ES TODO TAN LINDO!...

NO PODEMOS, MAFALDA. A PAPÁ SE LE ACABAN LAS VACACIONES Y DEBE VOLVER A LA OFICINA, Y VOS A LA ESCUELA Y YO A OCUPARME DE LA CASA

BUENO, PERO LA IDEA DE MAFALDA, PENSÁNDOLA BIEN... ¿EHÉÉÉ?

¿EHÉÉ?

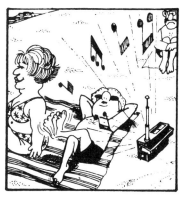

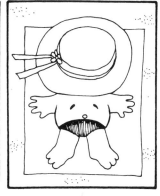

¡EH, VOLVISTE! ¿QUÉ TAL TU VERANEO?

EL MÍO MUY LINDO ¿Y EL TUYO?

¡PST!

EL MÍO MUY LINDO. ¿Y EL TUYO?

AYER LE DIJE A MI PAPÁ QUE PODRÍAMOS CERRAR UNOS DÍAS EL ALMACÉN E IRNOS DE VACACIONES

¿Y?

¿VACACIONES?

...PREGUNTÓ ÉL

¡CLARO! ¡UN POCO DE AIRE Y SOL ES MUY BUENO PARA LA SALUD!

...DIJE YO

¿Y LA CLIENTELA?

...PREGUNTÓ ÉL

LA CLIENTELA COMPRARÁ EN OTROS ALMACENES

...DIJE YO

¿ALGUIEN DIO UN DISGUSTO A ESTE HOMBRE?

...PREGUNTÓ EL MÉDICO

DICE MI MAMÁ QUE NO TRAIGAS EL PEDIDO, MANOLITO, PORQUE LA SEMANA QUE VIENE NOS VAMOS DE VERANEO

ENTIENDO

¡JA!

¡SI HACE UNOS AÑOS YO VEÍA EN LA PLAYA A ALGUIEN CON ESTO, HUBIERA PENSADO: ESE TIPO ES LOCO!

¡ANDÁ, EXAGERADO!

¿TANTA PUNTERÍA TENÍAS PARA ACERTAR DIAGNÓSTICOS?

94

¡NUNCA SEAN COMO DENTRO DE UNOS AÑOS! ¡¡NUNCA!!

¡GUILLE, VENÍ!

¡¡VAMOS A CONSTRUIR UN CASTILLO!! ¿EH? ¡¡UN CASTILLO EN EL QUE VIVÍA UN REY!! ¡DALE, TRAEME TU BALDE CON LA PALITA!

NO PUEDO TAÉDTELOZ PADA EZTUPIDECEZ EZTOY HACIENDO DEPADTAMENTOZ

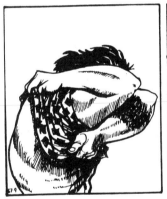

¿TODO EZTE AGUA VINO A PADAD AQUÍ CUANDO ZE PINCHÓ QUÉ COZA?

T.V.

¡ANDA!.. ¡NO TE CREO!.. ¡EN SERIO! ¡NO TE MIENTO!

¡SALÍ!..¡NO PUEDE SER! PERO... AL FIN Y AL CABO...

...¿SOY UN BICHO RARO POR NO TENER TELEVISOR?

LOS CHICOS DEL JARDÍN DE INFANTES ME MIRAN COMO A BICHO RARO POR NO TENER TELEVISOR

¡SONAMOS!

¡NO TENER TELEVISOR NO ES SER BICHO RARO!!

LO SÉ, SI ELLOS, YA ME DIJERON QUE NO ES SER BICHO RARO!...

...¡ES SER ESTÚPIDO!

DEME UN CHOCOLATÍN

¡NI CONILNIA QUE SE VA A PONER MAFALDA CON ESTO!

¡ADIVINA QUE TE TRAIGO, MAFALD... ¿UN TELEVISOR?

¡NUNCA IMAGINE QUE UN CHOCOLATÍN PUDIERA TENER GUSTO A FRACASO!

¡ME NIEGO A QUE MAFALDA SE TRANSFORME EN UNA TARADITA CANTA JINGLES!... ¡MALDITA LA HORA EN QUE LE NOMBRARON LA TELEVISIÓN!

¡Y PENSAR QUE EL MISMÍSIMO PAPA DIJO QUE LA TELEVISIÓN UNE A LA FAMILIA!

SUPONGO QUE SÍ EL PAPA TUVIERA HIJOS PENSARÍA DE OTRO MODO..!

¿SE HA VUELTO LOCO?! ¿O QUIERE QUE LO ECHE, POR COMUNISTA?!!

Guille

¡NO, GUILLE, NO!

ESO NO SE TOCA, PORQUE SOS MUY CHIQUITO Y PODÉS ROMPERLO Y ES DE CRISTAL MUY CARO Y.....

....

¡DIOS MÍO QUÉ MANERA DE DECIR ADULTECES!

¡GANÉ! ¡GANÉ AL TA-TÉ-TÍ!!

¡¡GANÉ AL TA-TÉ-TÍ! ¡GANÉ!

¡GANÉ AL TA-TÉ-TÍ! ¡JA!... ¡¡GANÉ!!

¿PAPÁ?

PAPÁ ESTÁ TRABAJANDO, GUILLE

¿PO QUÉ?

PORQUE CUANDO UNO ES GRANDE TIENE QUE TRABAJAR

¿PO QUÉ?

PORQUE SI NO, NO PUEDE COMPRARSE COMIDA, NI ROPA, NI NADA

¿PO QUÉ?

¡PORQUE ASÍ ESTÁ ORGANIZADO ESTE MUNDO, GUILLE!

¡¿PO QUÉ?!

UN AÑO Y MEDIO Y YA CANDIDATO A LOS GASES LACRIMÓGENOS

QUÉ ¿TU HERMANITO SE COME LA TIERRA DE LAS MACETAS COMO TODOS LOS CHIQUITOS?

NO

ÉL ES UN GOURMET

¡UPA!

¡DEJATE DE UPA Y SALÍ, QUE ESTOY OCUPADA!

ATÁ, UPA

¿Y ESO?

NADA, EL GUILLE EN VERSIÓN COMPLETA HUYENDO DE LA CENSURA

ESTE OTRO FLAQUITO LE ECHÓ LA SAL...

ÉSTE EL ACEITE....

¡Y ESTE GORDO PÍCARO SE LO COMIÓ!

¿PESCÁS EL FONDO SOCIAL DEL ASUNTO?

¿QUÉ PASA?
¡QUE TU HERMANO ES UN CAPRICHOSO!
¡ESO PASA!

¡PERO GUILLE, TENÉS QUE SER COMPRENSIVO, CARAMBA!

PENSÁ QUE ESTA BUENA GENTE ANTES DE EDUCARNOS A NOSOTROS NO EDUCÓ NUNCA A NADIE

VENIMOS A SER SUS HIJITOS DE INDIAS, ¿QUÉ VAMOS A HACERLE?!

?

SEGURO QUE EL POBRE GUILLE ESTUVO MIRANDO ESO Y SE LLEVÓ UN BUEN SUSTO

¡PTUÁJ!

¡BONK!

¿EL ZOL? HOY ESTÁ NUBLADO, GUILLE, NO HAY SOL

¡ANDÁ TAELO, PAPÁ! ¿ZÍ?

¡PERO HIJITO, ESO ES IMPOSIBLE! ¿CÓMO VOY A TRAERTE EL SOL?

AH ¿NO PODÉZ? Y, NO

¿ME DEJA NEL PIZO, SEÑOD, POD FAVOD?

¿LO BITLE? ¡AJÁ!

¿PARA ESTO UNA TRAE UN HERMANO AL MUNDO?

¡GUILLE!

¿PODÉS EXPLICARME DE DONDE SALIÓ ESTA MANCHA?

¡AH, CÓMO! ¿NO ZABÉZ? LAZ MANCHAZ LAZ TAEN LOZ GIGANTEZ ¡EN ZEDIO!... ¡VINO UN GIGANTE MUY, MUY GAAAANDE, TODÓ MUGUIENTO Y LA DEJÓ AHÍ!

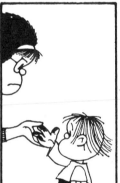

¿QUÉ PAZA? EZTO EZ DE CUANDO LE DÍ LA POPINA

¡YÍÍÍÍÍÍÍÍÍP!

¡@ZZ╫※@!

VIEJA, ¿PODÉZ VENID?

¿CÓMO *VIEJA*? ¡LINDO MODO DE LLAMAR A MAMÁ!

¿Y QUIÉN LLAMA A MAMÁ, TE HACÉZ LA JOVEN, AHODA?

BUENAZ TADEZ ¿QUÉ DEZEA?

BUENAS TARDES, QUISIERA HABLAR CON UNA PERSONA MAYOR

ENZEGUIDA

BUENAZ TADEZ ¿QUÉ DEZEA?

AHÍ BUZCA UN TIPO CHÉ

BUENAS TARDES, NENA ¿ESTÁ TU MAMÁ?

DEPENDE ¿CUÁL DE ELLAS?

¿CÓMO **CUÁL**? PERO... ¿CUÁNTAS MAMÁS TENÉS?

¡UF!..

UNA A LA QUE ADORO CON TODA EL ALMA... OTRA QUE ME PERSIGUE CON SU SOPA... OTRA QUE ME PROTEGE... OTRA QUE ME PEGA CADA GRITO... OTRA QUE ES FELIZ EN SU HOGAR... OTRA QUE VIVE ESCLAVA DE LA CASA... OTRA QUE...

¿QUIÉN ERA MAFALDA?

¡BÉH!...

UN VENDEDOR AL QUE LE VENDIERON ESO DE QUE MADRE HAY UNA SOLA

¡PZT, MAFADDA! ¿DODMÍZ?

MMNO, GUILLE ¿QUÉ QUERÉS?

DECIDTE QUE... QUE VOZ... QUE VOZ TE VAZ A LA EZCUELA TODAZ LAZ MAÑANAZ....

SÍ ¿Y?

Y, NADA, QUE... ¿QUÉ CUEDNOZ HAGO CON EL AGUJEDITO QUE ZIENTO ADENTRO MÍO CUANDO NO EZTÁZ? ¡ZANAHODIA!..

¡BUA'A'A'!!... ¡SÑIF! ¡UUA'A'AA!... ¡SÑIF!

116

¡GUILLE!
¿ZI?

¿QUÉ SIGNIFICA ESTO?

¿EZTO? BUENO...

NO ZÉ, YO HABÍA PENZADO TITULÁDLO 'PAIZAJE POD'

¡PLINK!

¡¡AQUÍ ESTÁ!!
¡AH, GACIAZ!

¡¡CHUPETE ON THE ROCKS!! ¡LAS COSAS QUE HAY QUE AGUANTARLE!
chuiii chuiii chuiii

¡¡MAMÁ, ME SAQUÉ UN 10 EN GEOMETRÍA!!

¡FELÍCITO!... ¡MMMCHUUU!!!

¡¡TE FELIZITO, ARRUINAHOGAREZ!!

¡HAY UNA EPIDEMIA DE NO ZÉ QUÉ! ¡¡ME VOY A ENFERMAD!! ¡¡¡EZTÁ TODO EL MUNDO EN CAMA!!!

¡PERO SI NO SABE LEER! ¿QUÉ DIABLOS HABRÁ VISTO EN EL DIARIO?

LAS FOTOS DE LAS ÚLTIMAS PELÍCULAS

Susanita

ADELANTE, SUSANITA, ME ALEGRA QUE. VENGAS A CONOCER MI CASA

ÉSTE ES MI PAPÁ ¿VES?

¿ESTÁ ARREGLANDO EL TOMACORRIENTE, SEÑOR?

NO, LO LLENO DE AZÚCAR, ASÍ LAS HORMIGAS VIENEN Y..... ¡¡FFSSSGG!!.... ¡SE ELECTROCUTAN!

¿CÓMO ALGUIEN PUEDE ASUSTARSE DE UNA IDEA TAN BUENA?

¡BAM!

¿QUÉ VAS A SER CUANDO LLEGUES A GRANDE, SUSANITA?

¡VOY A SER MADRE!

TU PAPÁ ES MUY ORIGINAL PARA ECHARSE A DESCANSAR

¿NO TE PARECE SUSANITA QUE VIVIMOS EN UN MUNDO MUY COMPLICADO?

A MÍ ME RESULTA MUY SENCILLO, ES UN MUNDO DE PADRES E HIJOS

TODOS LOS HABITANTES DEL GLOBO SON PADRES O HIJOS DE ALGUIEN ¡Y. ESO ES TODO!

ESTA NENA ME HACE. SENTIR VIEJA

PRIMERO VOY A SER UNA SEÑORA ¿NO? DESPUÉS VOY A TENER HIJITOS

LUEGO COMPRARÉ UNA CASA GRANDE, GRANDE, GRANDE Y UN AUTO MUY LINDO Y DESPUÉS JOYAS Y LUEGO TENDRÉ NIETITOS

Y. ESA SERÁ MI VIDA ¿TE GUSTA?

SÍ, EL ÚNICO DEFECTO...

...ES QUE ESO NO ES UNA VIDA ¡ES UN ESCALAFÓN!

TENER HIJITOS ESTÁ MUY BIEN, SUSANITA, PERO LOS TIEMPOS CAMBIAN

ADEMÁS DE SER MADRE, HOY LA MUJER DEBE CONTRIBUIR AL PROGRESO, HACER COSAS IMPORTANTES!

¡TENÉS RAZÓN!

¡DESDE MAÑANA MISMO APRENDERÉ A JUGAR AL BRIDGE!

¿QUÉ PASA?...¿ACASO NO JUEGAN AL BRIDGE LAS SEÑORAS IMPORTANTES?

¡DIOS MÍO!

¡NO ES POSIBLE QUE TU ÚNICA AMBICIÓN SEA SER MADRE, SUSANITA! ¿NO PENSÁS SEGUIR NINGUNA CARRERA?

NO SE ME HABÍA OCURRIDO, PERO AHORA QUE ME LO DECÍS VEO QUE NO ES MALA IDEA

DA MUCHO PRESTIGIO ESO DE HACERSE VER DE VEZ EN CUANDO POR EL HIPÓDROMO Y SALIR LUEGO EN LAS FOTOS DE LOS DIARIOS

"LA SEÑORA DOÑA SUSANITA CLOTILDE, EN COMPAÑÍA DE SU HIJITO, SIGUIÓ CON SUMO INTERÉS LA 7ª CARRERA."

¡ESTA ES PEOR QUE LA SOPA!

QUINO

ANOCHE SOÑÉ QUE MI MAMÁ HABÍA ESTUDIADO UNA CARRERA

¿Y HABÍA IDO A LA FACULTAD, Y TODO?

CLARO

¿Y HABÍA CONSEGUIDO NOVIO, Y TODO?

¿NOVIO? ¡NO!

¿ASÍ QUE HABÍA IDO A LA FACULTAD, Y NADA!

QUINO

¿LES HE DICHO ALGUNA VEZ QUE CUANDO SEA GRANDE VOY A TENER HIJITOS?

¡NOS LO HAS DICHO MIL VECES!

¡ME ENCANTA HABLAR DEL ASUNTO CON GENTE TAN BIEN INFORMADA!

HOLA, MAFALDA VENGO A PRESTARTE ALGUNAS REVISTAS

¡GRACIAS POR TU AMABILIDAD, SUSANITA! ¡SON MUY LINDAS!

¡PST!

¿NO TE AMARGA UN POQUITO SABER QUE NO SON TUYAS?

¡MIRÁ, SUSANITA, SI TENÉS ALGO CONMIGO DECÍMELO DIRECTAMENTE Y LISTO!

¡¡TE LO DIGO, SÍ SEÑOR!! ¡¡CLARO QUE TE LO DIGO!! ¿SABÉS QUÉ PASA CON VOS?

¡QUE SOS UN BESTIA!

¡JA!... ¿SUTILEZAS A MÍ?

HE SABIDO QUE TUS RELACIONES CON MANOLITO NO ANDAN MUY BIEN, SUSANITA

¡AH! ¿YA TE FUÉ ÉSE CON EL CHISME? ¡QUÉ TIPO CHISMOSO!... ¡CLARO, NO ME EXTRAÑA!

¿CÓMO ME VA A EXTRAÑAR SI ME CONTÓ LA DE LA LECHERÍA QUE EL PAPÁ DE MANOLITO ANDUVO EN UN ASUNTO MEDIO FEO, POR UNOS PESOS, EN EL CENTRO DE ALMACENEROS Y A RAÍZ DE ESO TUVO UN LÍO CON LA MAMÁ DE MANOLITO ¡Y YA SABEMOS LO QUE ES ESA SEÑORA!

...QUE AL HERMANO DE MANOLITO, QUE SEGÚN SUPE, EN MAYO CUMPLE 23 AÑOS, LO CONTROLA EN TODOS LOS GASTOS, Y EL MUY GRANDULÓN, LA NOVIA QUE SE BUSCÓ!... ESA MOROCHITA, QUE EL PADRE VENDE TERRENOS Y VIVIÓ DOS AÑOS EN BRASIL Y QUE ES PARIENTE DE UN TÍO DE MANOLITO QUE EN 1925....

¿CON QUIÉN ESTUVISTE, MAFALDA?

CON EL F.B.I.

¡ZÁS! ¡AHÍ VIENE SUSANITA! DESDE QUE ANDA PELEADA CON MANOLITO, ESTAR CON ELLOS ES COMO ESTAR EN LA U.N.

HOLA, MAFALDA ¿HAS OÍDO HABLAR DEL CORCHOANÁLISIS? ES COMO EL PSICOANÁLISIS, PERO SÓLO PARA AQUELLOS QUE TIENEN CEREBRO DE CORCHO ¿SABÉS? YO CONOZCO A UNO QUE DEBERÍA IR AL CORCHOANALISTA

¡VAYA!.. YO CREÍA QUE HOY HABÍA HUELGA DE IDIOTAS, PERO PARECE QUE SALIERON A TRABAJAR

AUNQUE DUDO QUE U-THANT DEBA AGUANTAR LO QUE YO TENGO QUE AGUANTAR

¡ES ABSURDO QUE ESTÉS ENOJADO CON SUSANITA! ELLA TENDRÁ SUS COSAS, PERO ES BUENA AMIGA, Y UNO NO PUEDE ENOJARSE CON BUENOS AMIGOS, Y ADEMÁS....

...Y ADEMÁS, ¡CLARO! SI TUVIÉRAMOS A UN JUGADOR COMO PELÉ, NO ANDARÍA ASÍ NUESTRO FÚTBOL, PORQUE CON UN PELÉ NOS COMERÍAMOS CRUDOS AL INTER Y AL REAL MADRID Y AL.....

¿ADÓNDE VAS, MANOLITO?

A LLEVAR ESTE PEDIDO A CASA DE SUSANITA

¡CÓMO!...¿NO ESTABAS ENOJADO CON ELLA?

¿Y QUÉ? LOS NORTEAMERICANOS Y LOS RUSOS TAMBIÉN ESTÁN ENOJADOS Y SIN EMBARGO COMERCIAN ENTRE ELLOS ¿NO?

BUENO, PUES EN ESTE CASO OCURRE LO MISMO

CON LA SOLA DIFERENCIA DE QUE LA HUMANIDAD NO ESTÁ HARTA NI DE SUSANITA, NI DE VOS

ME PARTE EL ALMA VER GENTE POBRE

A MÍ TAMBIÉN

¡HABRÍA QUE DAR TECHO, TRABAJO, PROTECCIÓN Y BIENESTAR A LOS POBRES!

¿PARA QUÉ TANTO? BASTARÍA CON ESCONDERLOS

TODO HA CAMBIADO Y EL MUNDO ES HERMOSO

¿QUÉ HA OCURRIDO, SUSANITA? ¿NO MÁS INFLACIÓN? ¿PROSCRIPCIÓN DE ARMAS ATÓMICAS? ¿COMIDA EN LA INDIA? ¿DIJERON ALGO LOS NOTICIOSOS?

¿LOS NOTICIOSOS?

NO, NO CREO QUE ASSOCIATED PRESS, REUTER O ANSA SEPAN TODAVÍA LO DE MIS ZAPATOS NUEVOS

127

ME DA LÁSTIMA DE MAFALDA, AYER ME CONTÓ QUE ESTE VERANO **NO** PODRÁ IR DE VACACIONES CON SUS PAPÁS

¿POR QUÉ?

PORQUE TIENEN QUE QUEDARSE A ESPERAR LA LLEGADA DE SU FUTURO HERMANITO

AAH, CLARO

NO TE IMAGINÁS LA PENA QUE ME DIO VERLA TAN TRISTE POR ESE ASUNTO. MÍRALA ¡POBRE! ALLÁ VIENE

HOLA, MAFALDITA

HOLA ¿CÓMO LES VA?

Y... FANTÁSTICAMENTE BIEN, PORQUE YA VIENE LA ÉPOCA EN QUE UNO EMPIEZA A PENSAR EN SU VERANEO!

¿MBSSÑSSBÑS ÑSSSTRBLSS? ¿EEHEE?

¡MMMH!...¡MÑSBLTS BSSLZZMBSSÑS!

¿Y?

AH ¿TENÉS PASTILLAS, SUSANITA?

MSÍ

EH... SON UN REMEDIO...¿SABÉS? ME LAS RECETÓ EL DR. PORQUE ANDO CON QUÉ SÉ YO

¿ALGUNA INSUFICIENCIA EN LAS GLÁNDULAS DEL SISTEMA CONVIDATORIO?

A MÍ TAMBIÉN ME LASTIMA EL ALMA VER GENTE POBRE ¡CRÉEME!

POR ESO CUANDO SEAMOS SEÑORAS NOS ASOCIAREMOS A UNA FUNDACIÓN DE AYUDA AL DESVALIDO

¡Y ORGANIZAREMOS BANQUETES EN LOS QUE HABRÁ POLLO Y PAVO Y LECHÓN Y TODO ESO!... ASÍ RECAUDAREMOS FONDOS

...PARA PODER COMPRAR A LOS POBRES HARINA Y SÉMOLA Y FIDEOS Y ESAS PORQUERÍAS QUE COMEN ELLOS

¡JAMÁS LO PENSÉ!... ¡¡JAMÁS!!

¡JAMÁS PENSÉ QUE YO FUERA CAPAZ DE HACERLE A ALGUIEN UNA PORQUERÍA COMO ÉSTA, FELIPE! ¡TE LO JURO!

¡YA NO SE PUEDE NI CONFIAR EN UNO MISMO! ¡QUÉ ÉPOCA, DIOS MÍO! ¡¡QUÉ ÉPOCA!!

¿SABÉS QUE EN LA OTRA CUADRA PONEN UNA JUGUETERÍA?

¿SABÉS QUE EN LA OTRA CUADRA PONEN UNA JUGUETERÍA?

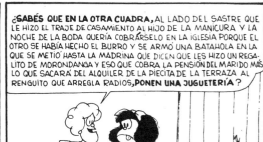

¿SABÉS QUE EN LA OTRA CUADRA, AL LADO DEL SASTRE QUE LE HIZO EL TRAJE DE CASAMIENTO AL HIJO DE LA MANICURA Y LA NOCHE DE LA BODA QUERÍA COBRÁRSELO EN LA IGLESIA PORQUE EL OTRO SE HABÍA HECHO EL BURRO Y SE ARMÓ UNA BATAHOLA EN LA QUE SE METIÓ HASTA LA MADRINA QUE DICEN QUE LES HIZO UN REGALITO DE MORONDANGA Y ESO QUE COBRA LA PENSIÓN DEL MARIDO MÁS LO QUE SACARÁ DEL ALQUILER DE LA PIECITA DE LA TERRAZA AL RENGUITO QUE ARREGLA RADIOS, PONEN UNA JUGUETERÍA?

ESE GATO PASA SIEMPRE POR AQUÍ ¿VISTE?

EL QUE VOS DECÍS NO ES ÉSTE, SINO UN HERMANO DE OTRA CRÍA QUE TUVO LA MADRE CON EL GATO DEL BAZAR, ESE GRIS QUE ANDABA TAMBIÉN CON LA GATA DEL DENTISTA, MIRALO VOS AL MICHO, Y ANDÁ A SABER CON CUÁNT

PARECIERA QUE EN LOS REPORTAJES DE LA TV, ESTÁ COMO DE MODA PREGUNTARLE A LOS POLÍTICOS SI ESTÁN EN FAVOR O EN CONTRA DE LA PROPIEDAD PRIVADA, ¿NOTASTE?

SÍM

¿Y VOS, SUSANITA, QUÉ PENSÁS: HAY QUE ESTAR EN CONTRA O EN FAVOR DE LA PROPIEDAD PRIVADA?

DEPENDE.... ¿DE LA PROPIEDAD PRIVADA DE QUIÉN?

¿TE CONTÉ QUE MI PROBLEMA DE INCOMUNICACIÓN ES NO PODER INCOMUNICARME?

HOY MI MAMÁ ME MANDÓ AL MERCADO, Y ESCUCHÉ A DOS SEÑORAS HABLANDO...

USTED DÍGAME ¿QUÉ HACE AHORA ESA POBRE CHICA? ¡SOLTERA Y CON UN HIJO!

¡QUÉ COSA!

¡MIRÁ VOS! ¡YO QUE CREÍA QUE SOLO CASÁNDOSE PODÍAN TENERSE HIJITOS!... ¡Y AHORA RESULTA QUE LOS PODÉS TENER CASADA, SOLTERA, VIUDA, DIVORCIADA...

...¡ Y ANDÁ A SABER QUÉ OTRA PILA DE POSIBILIDADES HABRÁ QUE UNA NO CONOCE!

"DEL POLVO VENIMOS..."

...Y AL POLVO VOLVEMOS"

¡¡MECACHO CON LA COSMÉTICA!!

SABÉS QUE HOY PASÓ TU PAPÁ CON EL COCHE FRENTE A LA PANADERÍA Y UNA SEÑORA VA Y DICE...

¡PSSHE!...¡ASÍ QUE AHORA EL PELAGATOS ESE TIENE AUTO!

PERO... ¿OÍSTE BIEN, VOS?

NO, YO NO ESTABA, ME CONTÓ MI MAMÁ. ELLA SÍ OYÓ

¿Y HABRÁ SIDO POR MI PAPÁ QUE LO DIJO LA SEÑORA ESA? A LO MEJOR PASABAN OTROS TIPOS EN AUTO ¿EH?

CLARO, PODRÍA SER...

¡NO, BUENO, PERO MI MAMÁ A TU PAPÁ LO CONOCE! ¿NO?

ARTICULOS PARA
EL HOGAR

NO PARECE MUY MAL MARIDO ¿A CUÁNTO SE LO DEJARON?

¿YO PREJUICIOS?

¡¡INVENTOS TUYOS!!

¿CUÁNDO DIJE YO ALGO CONTRA ESOS COCHINOS NEGROS, EH? ¿CUÁNDO? ¡A VER, DECÍ ¿CUÁNDO, EH?

¿TE CONTÉ QUE MI ES-POSO SERÁ EJECUTIVO DE UNA IMPORTANTE EMPRESA?

SÍ, SUSANITA ME CONTASTE

¿Y QUE VIVIREMOS FELICES EN UN HERMOSO CHALECITO...

...DE LAS AFUERAS, SÍ ¡TAMBIÉN ME LO CONTAS-TE YA VARIAS VECES.!

¡NO ME DIGÁS QUE SABÉS LO DE LAS TIERNAS MI-RADAS QUE EMPEZARÉ A NOTAR ME ECHA MI CUÑADO, PORQUE POR PUDOR NO SE LO CONTÉ NUNCA A NADIE!

¡OH, QUÉ MOMENTO!...

...¡CON ARROZ DE ALMACÉN "DON MANOLO"!

¡VÍSTANSE!...¡DEBEMOS ENCONTRAR YA MISMO ALGÚN PSICOANALISTA DE GUARDIA, QUE COBRE BARATO!

¡FELICES FIESTAS PARA TODOS!

¿NO CONVENDRÍA ACLARAR QUE ESE *TODOS* LO DECIMOS SIN ASCO A LA PROMISCUIDAD DE MEZCLAR NUESTRA FELICIDAD CON LA DE CUALQUIERA? DIGO, PARA NO ARRUINAR EL MENSAJE DE NUESTRO SALUDO DE AMOR, ¿EH? PARA QUE NADIE VAYA A PENSAR QUE ALGUNO DE NOSOTROS TIENE PREJUICIOS, ¿EH? SERÍA UNA PENA NO DEJAR BIEN EN CLARO QUE EN FECHAS COMO ESTAS UNA TIENE SENSIBILIDAD SOCIAL Y TODO, ¿EH?

¿ME ALCANZÁS LA GOMA, GUILLE?

YO NO SOY TU SIDVIENTE

NO TE LO PIDO COMO A UN SIRVIENTE, SINO COMO A UN AMIGO

GRACIAS, INGENUOTE

SÍ, BUENO, PERO ¿Y EL ENCANTO DE VER LA ENVIDIA DE LAS AMIGAS DE LA NOVIA, Y QUE A LA MADRINA LE QUEDAN CHICOS LOS ZAPATOS, Y MIRÁ ESTOS ROÑAS LA BARATIJA QUE REGALARON, Y A ESTE ENGRUDO LLAMAN TORTA DE BODAS!

¡ELVIRA ME CONTÓ TODO LO DE MECHA CON EL MARIDO Y TE JURO QUE MAL MIRADO EL ASUNTO ES APASIONANTE!

Felipe

¿SABÉS POR QUÉ LOS BILLETES VIENEN TAN PLANCHADITOS ÚLTIMAMENTE? ¡PORQUE SON "WASH AND WEAR"!

¿"WASH AND WEAR"? LOS BILLETES NO SON "WASH AND WEAR", SON "BEST-SELLERS"

¡BEST-SELLERS SON LOS LIBROS, HOMBRE!

¿Y POR QUÉ NO LOS BILLETES? ¡SI SON DE LO QUE MÁS EJEMPLARES SE IMPRIMEN Y LAS EDICIONES QUE MÁS PRONTO SE AGOTAN!

¿SABÍAS QUE SE IMPRIMEN MÁS EJEMPLARES DE BILLETES QUE DE CUALQUIER OTRA COSA?

NO

PUES ASÍ ES LA COSA. LOS BILLETES SON EL "BEST-SELLER" DEL AÑO

ENTONCES ESE SEÑOR QUE APARECE EN LOS BILLETES

¿ES JAMES BOND?

PENSÁNDOLO BIEN, ES MONSTRUOSO QUE SE IMPRIMAN MÁS BILLETES QUE LIBROS

¡ALGÚN DÍA SE DARÁ MÁS VALOR A LA CULTURA QUE AL DINERO!

¿NO SON ALGO INGENUAS TUS IDEAS, FELIPE?

¡INGENUAS NO! ¡SON PELIGROSAS!

TUS IDEAS SON MUY LOABLES, FELIPE, PERO UN POCO INGENUAS

¿ES INGENUO PRETENDER QUE LA GENTE APRECIE MÁS LA CULTURA QUE EL DINERO?

¿NO SERÍA HERMOSO EL MUNDO SI LAS BIBLIOTECAS FUERAN MÁS IMPORTANTES QUE LOS BANCOS?

¡NO! ¡PEDAZO DE EXTREMISTA!

¿EN SERIO, FELIPE? ¿DE VERDAD TU PAPÁ TE REGALÓ UN JUEGO DE AJEDREZ?

SÍ

¿Y SABÉS JUGAR?

¡AJÁ!... ¡LA PREGUNTA! ¡CLARO!

NO JUEGO TAN BIEN COMO NAJDORF, POR SUPUESTO

ÉL DEBE TENER MUCHO MEJOR PUNTERÍA

¡HÍCO! ¡HÍCO! ¡ARRE!

¡ÑK! ¡ÑK! ¡CLOP-CLOP! ¡CLOP-CLOP!

¡SOOOOOOOO! ¡QUIET-TOOO! ¡SSSHHHHH!

¡TOMÁ, YO NO VEO QUE TU JUEGO DE AJEDREZ TENGA NADA DE CIENTÍFICO!

SIN EMBARGO, A MÍ ME DIJERON

MI PAPÁ ME EXPLICÓ CÓMO ES ESTO DEL AJEDREZ, PRIMERO VAN LOS PEONES, EN ESTA LÍNEA....

AJÁ

..DESPUÉS, EN ESTA OTRA, VAN EL REY, LA REINA Y.....

¡CÓMO!.. ¡NO, NO, NO!...DEBE SER AL REVÉS

PRIMERO EL REY Y LA REINA, Y DESPUÉS LOS PEONES

¡NO, MI PAPÁ ME DIJO QUE PRIMERO LOS PEONES!

¿ES SOCIALISTA TU PAPÁ? ¿EHÉ? ¡A QUE ES SOCIALISTA!...... ¿NO?...¡ES!....¿EHÉ? ¡ES SOCIALISTA! ¿NO ES VERDAD? ¿EHÉ?

¡TE EXPLICO CÓMO SE JUEGA, PERO NADA DE INTERRUPCIONES! ¿PROMETIDO?

PROMETIDO

BUENO, ÉSTA ES LA REINA ¿VES? LA REINA SE MUEVE PARA TODOS LADOS

¡DESCOCADA! ¡SEXY DE PORQUERÍA!

NO, FELIPE... ..NO ABRIRÉ LA BOCA.. .....LO JURO...FELIPE.. ...FELIPITO...

NO SEAS ASÍ, FELIPITO, EXPLÍCAME, JURO, NO INTERRUMPIRTE

¡ASÍ LO ESPERO!

BIEN, ÉSTE ES EL REY EL REY PUEDE COMER PARA ADELANTE, PARA ATRÁS, PARA LOS COSTADOS... ¡EN FIN! COME PARA TODAS PARTES

LOS PEONES, EN CAMBIO, SÓLO PUEDEN COMER NADA MÁS QUE

¿VES? ¿VES?

¡DESPUÉS SE EXTRAÑAN DE QUE AVANCE EL COMUNISMO!

¡ESTÁS FRITA! ¡JAQUE!

¿PUEDO EMPLEAR LA "DEFENSA SICILIANA"?

EMPLÉALA

¡MASCALZONE!

¡GRACIAS!

¡QUÉ FOTOGÉNICO HABÍA RESULTADO MARTE! ¿EH? ¡MUY FOTOGÉNICO!

¡Y LOS O.V.N.I.S TAMBIÉN, POR SUPUESTO! ¡MUY LINDOS!

¿TE HAS VUELTO TONTO, FELIPE?

¡SSSHH!

CONVIENE IR CAYÉNDOLES SIMPÁTICOS

¿ADÓNDE VAS, FELIPE?

AL ALMACÉN DE MANOLITO

ESTOY AHORRANDO PARA COMPRARME UN MECCANO

¿ENTONCES POR QUÉ NO GUARDAS ESA MONEDA EN TU CHANCHITO?

?

PORQUE APARTE DEL DE MANOLITO, NO CONOZCO NINGÚN OTRO CHANCHITO QUE PAGUE INTERESES ACUMULATIVOS

¿PARA MÍ? ¿EN SERIO?

REGALITO DE PRIMAVERA

¡QUÉ LINDA FLOR! ¡GRACIAS, FELIPE!

¿DÓNDE TE PARECE QUE LA PONGA?

HA SIDO COMO REGALARLE UN TERRÓN DE AZÚCAR A FIDEL CASTRO

BUEEEEENOOO... ME VOY A HACER LOS DEBEEEERES...

¿QUÉ ESPERÁS? ¡TENÉS QUE HACERLOS ¿NO?

LA VOLUNTAD DEBE SER LA ÚNICA COSA DEL MUNDO QUE CUANDO ESTÁ DESINFLADA NECESITA QUE LA PINCHEN

¡FELIPE! ¡FELIPE!

¿SABÉS QUÉ SE ME OCURRIÓ REGALARLE A MI MAMÁ? ¡UN LIBRO!

¡FANTÁSTICO! ¿CÓMO HICISTE?

¡Y!.... PENSÉ QUE ME GUSTARÍA QUE ME REGALARAN A MÍ, SI YO FUERA MI MAMÁ

¡CLARO! ¡ESE ES EL SISTEMA! ¡A VER!... ¡YA ESTÁ!...

AUNQUE NO SÉ PARA QUÉ DIABLOS QUIERE MI MAMÁ LA COLECCIÓN COMPLETA DE "EL LLANERO SOLITARIO"

LA VERDAD....ME ATERRA UN POCO PENSAR QUE ALGÚN DÍA TENDRÉ QUE HACER EL SERVICIO MILITAR

¡TE MANDARÉ AL CALABOZO, POR INÚTIL!

LE CONVIENE NO HACERLO, SARGENTO

¡CIELOS!..¡EL LLANERO SOLITARIO!

¿OÍSTE ANOCHE AL IDIOTA QUE NO SÉ A QUÉ HORA, SE PUSO A DAR HURRAS?

NNN...NO, NO

ME HE ENTERADO DE QUE MÁS DE LA MITAD DE LA POBLACIÓN MUNDIAL SOMOS NIÑOS

¿Y ESO DE QUÉ NOS SIRVE?

AHORA, DE NADA, PERO DENTRO DE TREINTA AÑOS VAMOS A SER **NOSOTROS** LOS QUE HAREMOS COSAS Y OCUPAREMOS CARGOS Y EL MUNDO VA A ESTAR EN MANOS DE **NOSOTROS** LOS NIÑOS

¡PERO HOMBRE! ¡DENTRO DE TREINTA AÑOS YA NO VAMOS A SER NIÑOS!

¡VOS SIEMPRE TRATANDO DE AMARGARLE LA VIDA A UNO!

¡ESTO NO ES VIDA! ¡SIEMPRE METIDO AQUÍ EN LA CIUDAD!

¡CÓMO QUISIERA ESTAR EN EL CAMPO, TODO RODEADO DE VERDE!....

....Y DE VAQUITAS MUGIENDO DULCEMENTE......

"MUUUUU...QUEREMOS LA REFORMA AGRAAAARIAA"

NO HAY CASO, ESTE MUNDO MATERIALISTA DE HOY NO ES PARA VOS, FELIPE

NERVOCALM

FRANCAMENTE, YO CREO QUE SI LOS NORTEAMERICANOS Y LOS RUSOS DICEN QUE QUIEREN EL DESARME, ES PORQUE REALMENTE LO QUIEREN

¡SEGURO, FELIPE!... SI TE DICEN QUE LAS VACAS VUELAN, TAMBIÉN LO CREÉS ¿NO?

¡ANDA'!....¡VOS SIEMPRE LA MISMA!

¿HAS PENSADO EN LO QUE OCURRIRÍA SI NO EXISTIERA LA DISTANCIA, FELIPE?

¿SI NO EXISTIERA LA DISTANCIA? NO ¿QUÉ OCURRIRÍA?

QUE **TODO** ESTARÍA **AQUÍ** ¿TE DAS CUENTA LO QUE SERÍA QUE **TODO** ESTUVIERA **AQUÍ**?

EL KREMLIN EL LLANERO SOLITARIO LOS BEATLES AFRICA EL MURO DE BERLÍN CUBA **TODO AQUÍ** DISNEYLANDIA VIETNAM Jerry Lewis PELÉ EL KU-KLUX-KLAN

¿TE DAS REALMENTE CUENTA, FELIP.....

SÍ, SE DÁ REALMENTE CUENTA

VCHA-CHÁ'A'NN L CHA-CHÁ'A'A'NN.. ¡ AQUÍ VIENE NADA MENOS QUE.....

¡EL LLANERO SOLTERÓN!

¡SOLITARIO!

VIENE A SER LO MISMO, FELIPE; EN EL FONDO, TODO SOLTERÓN ES UN SOLITARIO

HAY GENTE CAPAZ DE ESTROPEARLE LA FANTASÍA AL MÁS PINTADO

¡ME CONTARON UN CUENTO BUENÍSIMO! RESULTA QUE EL CAPITÁN PREGUNTA AL RECLUTA: "¿SABE NADAR?" - "¡SÍ, MI CAPITÁN!"- RESPONDE EL RECLUTA, ENTONCES...

¡AH, SÍ! ¡LO CONOZCO! LUEGO EL CAPITÁN LE PREGUNTA: "¿Y DÓNDE APRENDIÓ?"- -"EN EL AGUA"- CONTESTA EL OTRO ¿ES ESE, FELIPE? ¿EHÉ? ¿ES ESE?, ¿ES ESE! ¿NO? ¿ES ESE? ¿EHÉ?

¡¡TE REQUETE-CONTRAODIO, SUSANITA!!

Y AL FINAL, NO NOS ENTERAMOS SI ERA O NO ÉSE

¡ES TERRIBLE!... NO TENGO GANAS DE HACER LOS DEBERES! ¿POR QUÉ NO VENDERAN PASTILLAS PARA DESPERTAR LA VOLUNTAD?

BUENAS TARDES ¿DESEARÍA COMPRAR LAS AFAMADAS PASTILLAS "VOLUNTEX"?
¡SEGURO! ¡DEME TRES TUBOS!

¡SON FANTÁSTICAS! ¡TENGO UNAS GANAS LOCAS DE HACER LOS DEBERES!

¡RIIIING!

¡NO ESTOY PARA NADIE, MAMÁ, ¿EH?

¡BANG! ¡BANG! ¡Y BANG!

¿CÓMO "Y" BANG? ¿DÓNDE VISTE QUE UN REVÓLVER DIGA "Y"?

¡UN REVÓLVER PUEDE DECIR "¡BANG!" "PANG!" E, INCLUSIVE "PÚNG", PERO NUNCA "Y"!

¿A QUIÉN PUEDE INTERESARLE JUGAR A LOS "COW-BOYS" CON DON JOSÉ MARÍA PEMÁN?

NO TE AMARGUES POR ESE DIENTE FLOJO, FELIPE CUANDO SE TE CAIGA, LO PONÉS BAJO LA ALMOHADA, Y A LA MAÑANA SIGUIENTE TE ENCONTRÁS CON QUE LOS RATONES TE HAN DEJADO UNA MONEDA

¿ME DEJARÁN UNA MONEDA? ¿A MIIIII? ¿LOS RATONES?

AJÁ

QUÉ BICHOS SIMPÁTICOS RESULTARON SER LOS RAT....

¿NO ES ESPANTOSO? ACABO DE APRENDER A ODIAR POR CUESTIONES ECONÓMICAS

BUEEEENO... DOS DÍAS MÁS Y... ¡A CLASE!

¿QUÉ SENTIRÁ UN PARACAIDISTA DOS METROS ANTES DE LLEGAR AL SUELO CON EL PARACAÍDAS CERRADO?

EN LUGAR DE HACER LOS DEBERES ME PASO EL DÍA LEYENDO HISTORIETAS.... ¡ESTO NO PUEDE SER!

¡NO ES POSIBLE QUE NO TENGA VOLUNTAD, NO SEÑOR!

¿QUÉ SOY AL FIN: UN HOMBRE O UN RATÓN?

LA COMPUTADORA ZK-2-09 ACABA DE CONCLUIR LAS CUENTAS

CORRECTO, ENVÍALAS POR RAYO LASER A LA ESCUELA

BUENO, AHORA MISMO VOY A HACER LOS DEBERES

¡ESO ES!

SIR WILLIAM SHAKESPEARE OS TIENE LISTA LA COMPOSICIÓN SOBRE LA VACA, SIRE

O.K., RECOMPENSADLO CON ESTOS PENIQUES

¡YA MISMÍSIMO ME LEVANTO Y ME VOY A HACER LOS DEBERES!

¡SÍ SEÑOR!

¡HE PERDIDO 32 HOMBRES Y UNA PIERNA, HERR MARISCAL, PERO LOGRÉ ARREBATAR AL ENEMIGO EL MAPA CON LOS PRINCIPALES RÍOS DE EUROPA!

GRACIAS, SCHULZ, PUEDE IRSE A TOMAR UNA BIECKERT, NO MÁS

SUS MEJORES MOMENTOS....

ACOMPAÑELOS CON WHISKY "BLACK-GROG"

¡PSSH!

¡MIRÁ SI CADA VEZ QUE UNO SALE DE LA ESCUELA VA A TOMARSE UN WHISKY!...

BUENO, SERÁ MEJOR QUE VAYA A HACER LOS DEBERES

¡BROO!

¡MALDICIÓN!

¡BUENO!

NO DEJES PARA MAÑANA LO QUE PUEDAS HACER HOY

¡DESDE MAÑANA MISMO EMPIEZ...

¡AHÍ ESTÁ!..PODRÍA EMPEZAR MI COMPOSICIÓN SOBRE EL DESCUBRIMIENTO DE AMÉRICA DICIENDO: "COLÓN ERA UN MARINO MUY VALIENTE..."

¡PIRATAS A ESTRIBOR, SR. ALMIRANTE!

¡FANTÁSTICO! ¡PREPARAOS A ENTRAR EN COMBATE!

¡NO,NO,DEBO PENSAR EN SERIO!.. ...A VER ... "CUANDO EL GRAN NAVEGANTE GENOVÉS LLEGÓ A AMÉRICA ..."

¡OEA! ¡OEA!

¡MÁH!...¿CHI TI CAPISCE? ¡PARLA IN CRISTIANO, PORCA MISERIA!

¡QUÉ BARBARIDAD!... SERÁ MEJOR QUE ESCRIBA MÁS O MENOS LO QUE DICE EL LIBRO

NO ESTÁ MAL, FELIPE, PERO DEBES PONER MÁS IMAGINACIÓN AL PENSAR TUS COMPOSICIONES

FELIPE ¿PODRÍAS IR A COMPRAR LA LECHE?

LO SIENTO, MAMÁ, NO TENGO TIEMPO

SIN EMBARGO A LA GENTE GRANDE ESA MENTIRA SE LA RESPETAN

A VECES NO ES LINDO SER CHICO, CLARO, PERO LO BUENO ES TENER TODA LA VIDA POR DELANTE ¿TE DAS CUENTA?...¡A UNO LE ESPERA TODO!

ESTUDIAR, RECIBIRSE, TRABAJAR, CASARSE, TENER HIJOS, PROGRESAR....

LLEGAR A SER UN SEÑOR MADURO, LUEGO TENER NIETOS....Y EN FIN ¡TODO LO DEMÁS!

¡NO!...¡AL ASILO NO!

HOLA, FELIPE ¿QUÉ TE OCURRE?

NADA, QUE EN VEZ DE HACER LOS DEBERES ME PASÉ EL TIEMPO LEYENDO HISTORIETAS

Y LO PEOR ES QUE NO DISFRUTÉ LAS HISTORIETAS SABIENDO QUE TENGO QUE HACER LOS DEBERES

Y RESULTA QUE AHORA ME ENTRA LA ANGUSTIA PORQUE TODAVÍA NO LOS HICE

¿Y POR QUÉ NO VAS Y LOS HACÉS DE UNA VEZ?

ENSEGUIDA, ENSEGUIDA, YA QUE NO DISFRUTÉ LAS HISTORIETAS DÉJAME AL MENOS DISFRUTAR MI ANGUSTIA

VOY A VER TU PORVENIR, FELIPE. SACA UNA CARTA

AHORA DATE VUELTA Y FRÓTALA EN TU NARIZ DICIENDO "CONJURO, CONJURO, TE TRASPLANTO MI FUTURO"

"CONJURO, CONJURO, TE TRASPLANTO MI FUTURO"

AHORA DÁMELA REPITIENDO "UKA-UKA"

"UKA-UKA"

BIEN, VEO QUE TU PORVENIR ES EL DE UN ESTÚPIDO DISPUESTO A HACER CUALQUIER IDIOTEZ QUE LE PIDAN

DURANTE MIS VACACIONES NO LEÍ CASI NINGUNA REVISTA DE ACTUALIDAD, ASÍ QUE ME ESTOY PONIÉNDO UN POCO AL DÍA

Y ENCONTRÉ AQUÍ UNA FRASE, FELIPE... ¡QUÉ FRASE!

¿QUÉ FRASE?

"ES MÁS DIGNO MORIR DE PIE QUE VIVIR DE RODILLAS"

Y DIGO YO... ¿SERÁ MUY DESHONROSO SUBSISTIR SENTADOS?

¡SOY UN CONVENCIDO DE QUE ESTE AÑO QUE VIENE SERÁ SENSACIONAL!

¿POR QUÉ, FELIPE?

VOS SIEMPRE CON ARGUMENTOS PARA DERRUMBARLE EL OPTIMISMO A UNO!

AQUÍ VA EL COMANDANTE NEIL ARMSTRONG VIAJANDO POR EL ESPACIO

LA NASA LO HA ENVIADO EN MISIÓN ESPECIAL A BUSCAR MUESTRAS DEL SUELO LUNAR

BUENAS, ME MANDA MI MAMÁ A BUSCAR UN PAQUETE DE MANTECA

AQUÍ VUELVE EL COMANDANTE NEIL ARMSTRONG PLANEANDO NO DARLE EL VUELTO A LA NASA, QUE YA LO TIENE HARTO CON ESTAS MISIONES ESPECIALES

ANOCHE TUVE UN SUEÑO DE LO MÁS RARO

EN VEZ YO ¡QUÉ SUEÑO SENSACIONAL!!

¿POR QUÉ, FELIPE? ¿QUÉ SOÑASTE?

¡AH! ¡ALGO MARAVILLOSO!

¿POR QUÉ NO LO SOÑARÉ TODAS LAS NOCHES? ¡TE JURO QUE ME DEJÓ COMO NUEVO!

PERO ¿CÓMO ERA, QUÉ HACÍAS?!

¡PISABA EL CÉSPED! ¡ME ASOMABA Y SACABA LOS BRAZOS POR LA VENTANILLA! ¡FIJABA CARTELES! ¡GIRABA A LA IZQUIERDA! ¡ESCUPÍA EN EL SUELO!......

LAS MONOCOTILE-DÓNEAS TIENEN HOJAS NO PECIO-LADAS Y SUS PÉ-TALOS Y ESTAMBRES ESTÁN DISPUESTOS EN GRUPOS DE TRES

LAS MONOCOTILE-DÓNEAS TIENEN HOJAS NO PECIO-LADAS Y SUS PÉ-TALOS Y ESTAMBRES ESTÁN DISPUESTOS EN GRUPOS DE TRES

LAS MONOcotile....

¡GOOOOOL!

LAS MOCOPECIOLÓNEAS... ¡UY, NO!... LAS MONOTI-COLADAS...¡NO, NO! ¡A VER!...LAS MOTIDO... ¡PUCHA ¿CÓMO ERA?..LAS MO

MIRÁ LO QUE ME PUSO LA MAESTRA EN EL CUADERNO

Felipe: alumnos aplicados como tú tienen por delante toda una vida de contracción al deber y al estudio. ¡¡Adelante!!

¡ES LA PEOR ALEGRÍA QUE ME HAN DADO JAMÁS!

¡AQUÍ VIENE FELIPUS, EL SUPERHIPNO-TIZADOR!

¡HELADOS DÍAS, MIGUELITO! HACE 20 GRADOS BA-JO CERO....SENTÍS MUCHO FRÍO...MUCHO FRÍO...EMPEZÁS A TIRITAR...A TIRITAR....

...A TIRIT.... ¡SALUD!

¡AATCHÍSS!

¡GRACIAS!

?

¡EEEEEH!.....¡EL MUJERCITA, SECANDO PLATOS!

¡¡ME DIJE DIEZMIL VECES QUE AYUDAR A MI MAMÁ NO ES SER MUJERCITA!! ¡ES SER BUENO! ¿ENTENDÍ?

¡ES DE **HOMBRES** BUENOS AYUDAR A LA MADRE! ¡ASÍ QUE NO CON-FUNDIR: UNA COSA ES SER MUJERCITA Y OTRA MUY DIFE-RENTE SER BUENO!

¡EEEEEH!..¡LA BUENITA, SECANDO PLATOS!

¡QUÉ SABIA ES LA NATURALEZA! SI ESE PAJARITO CAÍA MUERTO YO NO PEGABA UN OJO EN TRES MESES

TENGO UNA IDEA DIVERTIDÍSIMA: JUGUEMOS A QUE VOS SOS YO Y YO SOY VOS ¿EH? DALE, EMPEZÁ

¡ESCUCHASTE EL NOTICIOSO? ¡LÍOS EN TODOS LADOS! ¡YA ME TIENEN PODRIDA LOS CHINOS, LOS ÁRABES, LOS RUSOS, LOS NORTEAMERICANOS, LOS ISRAELÍES, LOS VIETNAMITAS! ¡QUÉ DESASTRE!

¡JI! ¡JI! ¡JI JI! ¡JA JA JA!

¡MIRÁ VOS, Y YO AQUÍ RIÉNDOME COMO UN TONTO Y TODAVÍA NO HICE LOS DEBERES!... ¡Y LA HORA QUE ES!... ¡Y YA ME DA LA ANGUSTIA!...¿ Y AHORA CÓMO HAGO?

¡ESO, DIOS MÍO! ¿CÓMO HAGO AHORA?

¡SLAM!

¡LA DE GENTE QUE HABRÁ HACIENDO COSAS IMPORTANTES MIENTRAS YO ESTOY AQUÍ TIRADO!

¿NO ME DA VERGÜENZA?

¡AH, CÓMO! ¿NO ME DA?

NUNCA TERMINA UNO DE CONOCERSE

¡SE ME OCURRIÓ EL TRUCO PERFECTO PARA LIBRARSE DE LA SOPA! ¡NOOOO! ¿CÓMO ES?

CAZÁS UNA MOSCA, LA METÉS EN UN FRASQUITO, AGITÁS EL FRASQUITO PARA ATONTARLA BIEN.....

...Y LUEGO, CUANDO TE TRAEN LA SOPA....CLARO, EL ESPECTÁCULO NO SERÁ MUY...¡BUEH!...AL PRIMER DESCUIDO ECHÁS LA MOSCA...QUE QUEDE...AHÍ... NA.... ¡GULP!..NADAN...DO..Y..

OCUPADO

¡¡AAAAAH!! ¡¡GUTEN MORGEN, FELIPEN!! ¡¡KUARENTA UND CINKO MINUTEN TARRRDE!! ¿HÉIN?

¡ÍA, SEÑORITEN, PERO ÍCH TRAÍGO DER JUSTIFIKATIVEN VON MEINE MAMÁ

BIEN, VE A SENTARTE QUERIDO

·124·

¡AÚ! ¡AÚ! ¡UAÚ!

¿QUIÉN PUEDE ANDAR DISFRAZADO CUANDO SU VALENTÍA ESTÁ DE LUTO?

¡MAMÁ, HOY NO TENGO GANAS DE IR A LA ESCUELA!

ME PARECE MUY BIEN, FELIPE, YO TAMBIÉN FUI CHICA

...Y ME ENCANTABA QUE ALGUIEN FALTARA PARA ÍR Y SENTARME EN SU BANCO

¡JAMÁS LE DARÉ ESA OPORTUNIDAD AL CRETINO DEL GORDITO BARTOLUCCI!!

¡SOCORRO!

148

TOMÁ TU LECHUGA

¡POBRE BICHO! TODO LO QUE CONOCE DE LA VIDA ES ESTA CASA

PERO NO SABE QUE LA CASA ESTÁ EN UNA CIUDAD, NI QUE LA CIUDAD ESTÁ EN UN PAÍS...

...NI QUE EL PAÍS ESTÁ EN EL MUNDO, NI QUE EL MUNDO ESTÁ EN EL ESPACIO...

...NI QUE EL ESPACIO ESTÁ EN...

....

¡BUÉH!... ¡¡ME VOY A HACER LOS DEBERES SÍ SEÑOR!! ¡CHAU!

CHAU, FELIPE

TANTA DECISIÓN EN MÍ ES SOSPECHOSA ¿QUÉ ME TRAERÉ ENTRE MANOS?

¡FELIIIPEE, QUE SON LAS SIETE Y CUARTO!

MMSÍ, MMÑA' MMVOY

¡¡ESPEREN, ESPEREN!! ¡LA DEMOLICIÓN ERA EN LA OTRA CUADRA!!

ESCUELA Nº2

¿CÓMO DIABLOS HARÁ MI IMAGINACIÓN PARA DESPERTARSE ANTES QUE YO?

EL APARATO DIGESTIVO DEL HOMBRE COMPRENDE: LA BOCA, LA FARINGE, EL ESÓFAGO EL ESTÓMAGO, EL INTESTINO GR ESO, PERDÓN, DELGADO Y EL INT TINO GRUESO. EL TUBO DIGEST SEGREGA LOS JUGOS QUE TRA FORMAN LOS ALIMENTOS EN EL C

¡BIEN, FELIPE, MUY BIEN, VEO QUE HAS ESTUDIADO, PUEDES IR A TU ASIENTO!

150

LUCHADOR INCANSABLE DE PRECLARAS IDEAS

ASÍ, CUALQUIERA, EL MÉRITO ES ESTAR CANSADO Y SEGUIR LUCHANDO

HOLA, FELIPE, VENÍA PENSANDO... ¿QUÉ ACTITUD CONVENDRÁ ADOPTAR ANTE LA GENTE?

¿LA DE SEGURO DE UNO MISMO, PARA QUE TODOS TE RESPETEN?

¿LA DE INDIFERENTE, PARA PASAR INADVERTIDO Y QUE NADIE TE MOLESTE?

¿LA DE DESPROTEGIDO, PARA QUE TODOS TE AYUDEN?

DE LA QUE UNO ELIJA DEPENDE CÓMO LE IRÁ EN LA VIDA, ASÍ QUE ES MUY IMPORTANTE DECIDIR DESDE YA, Y NO EQUIVOCARSE

¡MECACHO!..., Y TAN TRANQUILO QUE ESTABA YO!...

YA MISMO ME LEVANTO Y VOY A HACER LOS DEBERES

ESTO ES LO QUE SE LLAMA DISPARIDAD DE CRITERIOS

"LLUEVE, HIJO, SERÁ MEJOR QUE TE QUEDES EN CASA EN LUGAR DE IR A LA ESCUELA ¿EH?"

LLUEVE, HIJO, SERÁ MEJOR QUE TE LLEVES EL IMPERMEABLE ¿EH?

SI NO FUERA POR UN LEVE MATIZ, DIRÍA QUE CONOZCO A MI MAMÁ COMO A LA PALMA DE MI MANO

¡DEBO LLEGAR AL RANCHO DE MULLIGAN ANTES DE QUE ESOS FORAJIDOS LLEVEN A CABO SU PLAN!

¡OH-OH, QUIEN SE A ¡SLUP! CERCA!

¡LLEBO DEGAR AL MULLÍ DE RANCHIGAN ANQUES DE TE SOSE FORALLIVOS JEBEN A PLABO SU CAN!

¡BEGO MULLAR RALANCHO GUE LLUMIQAN DANFEDTISOS FORJASVITPS PƎLLEB NA CV920 UP ♡ALN!

¿NO ME OÍSTE, FELIPE?... ¡JAQUE!... ¡JAQUE MATE!

¿MMMH?... ¡AH!... ¿YA?... ¡BUÉH!... ¡A SIETE Y MEDIO PAGO!

¡OY-OY! ¡ESTA VEZ LE HABLO! ¡ESTA VEZ LA ENCARO Y LE DIGO!

¡ES INÚTIL, JAMÁS ME ANIMARÉ, JAMÁS SABRÁ QUE EXISTO NI JAMÁS YO LOGRARÉ SABER NADA DE ELLA NI NADIE SOSPECHARÁ NUNCA CUÁNTO ME GUS

HOLA, JUSTAMENTE VENÍA ACORDÁNDOME DE VOS, ACABO DE CRUZARME CON LA TARADITA ESA DE MURIEL, CREO QUE SE LLAMA, Y PENSÉ: *SEGURO QUE ESTA LE GUSTA A FELIPE* ¿LA UBICÁS? UNA QUE ME DIJERON QUE EL PADRE ESTUDIABA MEDICINA Y LO BOCHARON TANTAS VECES QUE TUVO QUE DEJAR Y CONFORMARSE CON SER VISITADOR MÉDICO, Y ÁHI DONDE LA VES, ESTA POBRE CRECIÓ ALIMENTADA A MUESTRAS GRATIS DE VITAMINAS Y ESAS PORQUERÍAS Y PARECE QUE CUANDO TENÍA DOS AÑOS SE

Manolito

NO, MANOLITO. YA TE DIJE QUE NO.

NO SEAS ASÍ, MAFALDA, ACEPTÁ EL CARAMELO QUE MANOLITO TE OFRECE

ESTÁ BIEN, LO ACEPTO

PERO A FIN DE MES TE ARREGLÁS VOS CON ÉL ¿EH?

¿HAS VISTO ALGUNA VEZ UN MUÑECO TAN INTELIGENTE COMO EL MÍO, MANOLITO?

MA-MÁ

$

ESTE ES JOE CRANE, UN MALVADO QUE LES VENDE ARMAS A LOS APACHES

PERO *EL LLANERO SOLITARIO* ESTÁ AL TANTO DE TODO ¿VES?

¡IMPEDIRÉ QUE JOE CRANE CONTINÚE VENDIENDO ESOS FUSILES A LOS APACHES!

¿Y QUIÉN SE CREE QUE ES EL MASCARUDO ESE PARA VENIR A COARTAR LA LIBERTAD DE COMERCIO?

¡ES TERRIBLE!...¡SE VIENE ENCIMA EL DÍA DE LA MADRE Y NO SÉ QUÉ REGALARLE A MI MAMÁ!

YO TAMPOCO

HAY CANTIDAD DE COSAS LINDAS PARA REGALAR: UN FRASCO DE BUENAS ACEITUNAS, MARISCOS EN LATA, UN QUESITO, FIAMBRES, GARBANZOS, FIDEOS, DULCES....

¿CÓMO VAMOS A REGALAR A NUESTRAS MADRES COSAS DE ALMACÉN?

¡HOMBRE!...¡SI LES DA POR HACERSE LOS INTELECTUALES!...

DECIME, MANOLITO ¿NUNCA TE PUSIERON TODO UN DÍA EN PENITENCIA POR ALGUNA TRAVESURA?

¡NUNCA!

MI PAPÁ DICE QUE ESO DE LA PENITENCIA ES UN CASTIGO ALARGADO, COMO UN CHEQUE...

...Y ÉL PREFIERE DAR BOFETONES AL CONTADO

TU HERMANO HABRÁ SIDO BUEN RECLUTA PERO...¿QUÉ QUERES? ¡A MÍ NO ME GUSTAN LOS CONSCRIPTOS!

—NO LE HAGÁS CASO, MANOLITO. NOSOTROS TE APOYAMOS—

¡LOS RECLUTAS SON PELADOS Y FEOS!

¡AAAAAAAAAAH! ¡CLARO! ¡A ELLA LE GUSTAN ESOS TARADOS PELUDOS DE "LOS BEATLES"!

¡¡EPA!!....

¡NO SÉ QUIÉN ME MANDA A EMBARCARME EN ESTAS COSAS CON ÉL!..

¡COMO SI NO SUPIERA QUE SIEMPRE PASA LO MISMO!

¡SOY MÁS ESTÚPIDA QUE NO SÉ QUÉ!.

¿MOVISTE, DE UNA VEZ, MANOLITO?

¡ÉÉÉÉÉEH! ¡NO SOY UNA IBM!

¡NO SÉ QUIÉN ME MANDA A EMBARCARME EN ESTAS COSAS CON ÉL!..

¡MANOLITO!

¡MAFALDA! ¿QUÉ TAL TE TRATARON LAS OLAS?

¡CALLATE, NO HICIERON MÁS QUE DARME PALIZAS! ¿Y A VOS, POR AQUÍ CÓMO TE FUÉ?

¡IGUAL!

¿CONOCEN EL CUENTO DEL JAPONÉS QUE VA AL DENTISTA?

NO

¡CONTALO!

BUENO, RESULTA QUE UN JAPONÉS ~COMPRE EN ALMACÉN "DON MANOLO"~ VA AL DENTISTA....

...ENTRA AL CONSULTORIO ~ALMACÉN "DON MANOLO" VENDE BARATÍSIMO~ Y ENTONCES EL DENTISTA....

....

ACABA DE FRACASAR UN INGENIOSÍSIMO ARDID PUBLICITARIO

¡TENGO UN CUENTO GRACIOSÍSIMO!.... ¿QUIEREN OÍRLO?

POR SUPUESTO

BIEN, PERO ANTES, UNAS PALABRAS EN NOMBRE DE LA FIRMA ANUNCIADORA

ES UN PLACER PARA ALMACÉN "DON MANOLO" AUSPICIAR ESTE CUENTO QUE.....

....

¡NO ENTIENDO! ¿O SERÁ QUE PARA ESTO DE LA PUBLICIDAD ME FALTA "ÁNGEL"?

¡BANG!

¡PAPÁ'!.. ¡ME SALVASTE DEL MONSTRUO!

FIN

CARAMELOS, BOMBONES, CHOCOLATINES, PASTILLAS,....

AHÍ ESTÁ;..... ESA PALOMITA NO SABE LO QUE ES EL DINERO Y SIN EMBARGO ES FELIZ

¿VOS CREÉS QUE EL DINERO ES TODO EN ESTA VIDA, MANOLITO?

NO, POR SUPUESTO QUE EL DINERO NO ES TODO

...TAMBIÉN ESTÁN LOS CHEQUES

¡A QUE YA SE HA CORRIDO LA VOZ DE QUE NO ME GUSTAN LOS BEATLES!...

¡LOS BEATLES!... ¿CÓMO PUEDEN GUSTARLE A LA GENTE UNOS INFRADOTADOS DÁNDOLE TODO EL TIEMPO A LA GUITARRITA?

¡YEAH! ¡YEAH!

¡QUÉ ASCO DE GENERACIÓN!

¿VOS QUÉ OPINÁS, MANOLITO: NACIMOS DENTRO DE UN REPOLLO, O NOS TRAJO LA CIGÜEÑA?

¡JHÁ!...¡PERO MIRÁ LO QUE LE VENÍS A PREGUNTAR A ESTE ADOQUÍN!.....¡ESOS TEMAS SON DEMASIADO PROFUNDOS PARA ESTE BESTIA!

ES VERDAD, MIGUELITO ESO DE NACER Y MORIR NO ME PREOCUPA A MÍ ME INTERESA LA VIDA, NO LAS PUNTAS DE LA VIDA

¡JA!

¡NO SÉ PARA QUÉ CUERNOS VENGO A LA PELUQUERÍA!

¡NO SÉ PARA QUÉ RECUERNOS VOY A LA PELUQUERÍA!

¡CHICOS! ¿QUÉ REGALAR A MAMÁ EN SU DÍA?

¡HAY QUE IR PENSANDO! ALMACÉN DON MANOLO SUGIERE SU AMPLIO SURTIDO DE JABÓN DE LAVAR, TRAPOS DE PISO, ETC.

PUES NO OLVIDEN QUE UNA MADRE CANSADA PEGA MENOS FUERTE

¡LA PRIMAVERA, MANOLITO!... ¡LLEGÓ LA PRIMAVERA!

¿Y?

¿QUIÉN PODÍA ESTAR PREPARADO PARA SEMEJANTE PREGUNTA?

¡MMMMMMHHH! YA SE RESPIRA LA PRIMAVERA EN EL AIRE, MANOLITO ¿SENTÍS?

?

¡SNIIIIIIIIFF!

NO

LOS DIARIOS ESTÁN LLENOS DE MALAS NOTICIAS Y NADIE LOS DEVUELVE POR ESO...

LA VIDA ESTÁ LLENA DE COSAS MALAS Y TODOS LA ACEPTAN

Y USTED PRETENDE DEVOLVER UN SIMPLE SALAMÍN PORQUE ESTÁ MALO EL RELLENO ¡VAMOS, SEÑORA!...

¿SABÉS MANOLITO? ESTABA PENSANDO...

¿EN QUÉ?

EN QUE SI JUNTAMOS TOOOOOODO LO QUE HICISTE EL AÑO PASADO EN LA ESCUELA...

...Y A ESO SUMAMOS...

... TOOOOOOODO LO QUE HAS HECHO EN ESTAS SEMANAS QUE VAN DE CLASES...

...MÁS O MENOS POR ESTOS DÍAS DEBES ESTAR POR CUMPLIR TUS BESTIALIDADES DE PLATA ¿NO?

ME MANDA MI MAMÁ A COMPRAR ACEITUNAS ¿QUÉ TAL ESTÁN MANOLITO?

¡AAAH!...¡PARA EJECUTIVOS! ¡PROBÁ UNA!

¡PTUAJ!

LO QUE PASA ES QUE LA GENTE TIENE UNA IMAGEN IDEALIZADA DE LOS EJECUTIVOS

¡ESTOY HARTO DE LA ESCUELA! ¿ENTIENDEN? ¡HARTO!

¡ASÍ QUE FINISH!... ¡NO VOY MÁS!

¡Y NO ME VENGAN CON DISCURSITOS, PORQUE NO ME VAN A CONVENCER!

¡HAY QUE VER LA ORATORIA QUE TIENE LA ZAPATILLA DE MI MAMÁ!

suiiiiiiish

suiiiiiiish

¡ÑOC!

NO ENTIENDO QUÉ PUEDE HABER FALLADO

¿SEGUÍS SIEMPRE CON LA IDEA DE TENER UNA CADENA DE SUPERMERCADOS CUANDO SEAS GRANDE, MANOLITO?

¡POR SUPUESTO!

¡UNA CADENA DE ENORMES LOCALES CON MUCHO VENTANAL Y MUCHO ALUMINIO Y MUCHO ALFOMBRADO Y MUCHA CATEGORÍA Y MUCHO LUJO!... ¡Y ARRIBA DE TODO, EL CARTELÓN INMENSO!

MANOLO'S

YA TE VEO CUANDO SEAS GRANDE, AL FRENTE DE TU CADENA DE SUPERMERCADOS, MANOLITO

¡¡MI **FABULOSA** CADENA DE SUPERMERCADOS!!

TENDRÁS MUCHOS EMPLEADOS

¡¡**CIENTOS Y CIENTOS DE** EMPLEADOS!!

QUE TRABAJARÁN FELICES PORQUE PAGARÁS BUENOS SUELDOS

¡¡¡PAGARÉ **ESTUPENDOS** SUELDOS!!!

¡¡MIRÁ LO QUE ME HACÉS DECIR!!

¡LES ADVIERTO QUE ESTA VEZ VA EN SERIO!

¡NO VOY MÁS A LA ESCUELA!... ¡Y SAN SE ACABÓ!

¡OYE! ¿VES ESTO?

HOY EN DÍA ESTÁN MUY EN BOGA LOS MÉTODOS AUDIOVISUALES

ES UNA LÁSTIMA QUE VOS VAYAS A LA ESCUELA, MANOLITO. NO DEBERÍAS IR MÁS

¿NOOOO?

¿QUÉ DEMONIOS ESTÁS DICIENDO, SUSANITA? ¡MANOLITO Y TODOS DEBEMOS INSTRUIRNOS, PORQUE LA CULTURA ES LA BASE DE...

¡SÍ, SÍ, YA SÉ!

SERÁ COMO VOS DECÍS, MAFALDA

PERO ES UNA PENA ECHAR SALPICADURAS DE INSTRUCCIÓN A UNA BESTIALIDAD TAN AUTÉNTICAMENTE PURA COMO LA DE ESTE MUCHACHO

Row 1 dialogue:

¡VENGAN A VER! ¡MANOLITO ESTA DE NOVIO!

¡DE NOVIO!... ¡BA, BA, BA!

Row 2 dialogue:

CON ESTO DE QUE JAMES BOND ES EL AGENTE SECRETO CERO CERO SIETE....

....Y DE QUE LOS DEMÁS AGENTES SECRETOS SON TODOS CERO CERO QUÉ SÉ YO Y CERO CERO NO SÉ CUÁNTO.....

.....CADA VEZ QUE MIRO MI BOLETÍN DE CALIFICACIONES ME SIENTO UN POCO AGENTE SECRETO

Row 3 dialogue:

¿QUÉ LE REGALASTE HOY A TU MAMÁ EN SU DÍA, MAFALDA?

UN LIBRO

¡ANDA'!...

EN SERIO, ¿QUÉ LE REGALASTE?

PERO, ¡EN SERIO QUE UN LIBRO!

¡UN LIBRO, SÍ!...¡AHORA RESULTA QUE YO SOY TONTO!

¿TE CREES QUE NO SÉ QUE TU MAMÁ YA TENÍA?

Row 4 dialogue:

BUENAS, MANOLITO. ME MANDA MI MAMÁ A VER SI EL WHISKY QUE VENDEN UDS. ES MUY CARO

NO, NO ES MUY CARO

¿ES IMPORTADO?

NO, NO ES IMPORTADO

AJÁ ¿Y ES BUENO?

Y... NNNO, NO ES MUY BUENO

PERO DECIME, ¿ES WHISKY?

NO, EN REALIDAD TAMPOCO ES WHISKY

EL NEGOCIO ES EL NEGOCIO, PERO LOS AMIGOS SON LOS AMIGOS

¡ESTO ES UN ROBO!

¡PUES SI NO LE GUSTAN LOS PRECIOS VAYA A OTRO ALMACÉN, SEÑORA!!

ES LA COSTUMBRE, PERDÓN

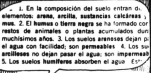

1. En la composición del suelo entran di. elementos: arena, arcilla, sustancias calcáreas y mus. 2. El humus o tierra negra se ha formado cor restos de animales o plantas acumulados dur muchísimos años. 3. Los suelos arenosos dejan pa el agua con facilidad; son permeables 4. Los su arcillosos no dejan pasar el agua; son impermeab 5. Los suelos humíferos absorben el agua Es

2. El tallo, por lo general, sigue a la raíz, transp la savia y sostiene las ramas, hojas, flores y fru 3. Las hojas son los pulmones de la planta, pues ellas respira. 4. La flor, cuando es completa, tiene parte de pétalos, blancos o coloreados (la corol un conjunto de hojitas verdes (el cáliz). 5. Las f se transforman en frutos, y en éstos están conter las semillas que, sembradas nuevamente, dar gen a plantas iguales

1. El calor del sol evapora (convierte e invisible) el agua de los océanos, mares, rio 2. El vapor, liviano y caliente, sube hasta enco capas de aire más frío y se convierte en pequeñísi gotitas de agua que forman las nubes. 3. Cuando muchas, muchísimas gotitas, o las nubes encuen capas aún más frías, se forman gotas mayores caen, en forma de lluvia o nieve a la tierra.

¡BONK!

BUENAS, MANOLITO ¿TENÉS DULCE DE MEMBRILLO?

POR SUPUESTO

¿DESEA EL COMÚN O EL PSICODÉLICO?

300$

300$

RECORTÉ ESTA NOTICIA PARA VOS, MANOLITO: "KENT FROSS, MILLO-NARIO AUSTRALIANO, SUFRIÓ UN COLAPSO CARDÍACO PRODUCIDO SEGÚN LOS MÉDICOS POR EXCESO DE TRABAJO."

¿QUÉ ME CONTÁS? ¡MILLONARIO Y MATARSE TRABA-JANDO!

¡Y!...¡HAY BESTIAS ASÍ, UNA VEZ QUE LE TOMAN EL GUSTO A LOS MILLONES NO PUEDEN PARAR!

¡QUIEREN TENER CADA VEZ MÁS! ¡MÁS!

¡Y MÁS Y MÁS! ¡CADA VEZ MÁS MILLONES! ¡MÁS!

¡MÁS! ¡MÁS! ¡MÁS!

¡MÁS! ¡MÁS!

168

¡SEXY, EL FURGONCITO!

¿FIDEOS SIN COMPLEJOS? Almacén Don Manolo

¿ASÍ QUE FIDEOS *SIN COMPLE- JOS*? DECÍ LA VERDAD MANO- LITO ¿SON BUENOS O MALOS ESOS *FIDEOS SIN COMPLEJOS*?

BUENO, SON MUY ASÍ... ¡LES IMPORTA UN PITO EL QUÉ DIRÁN!

MIRA QUE SE TE OCURREN TRIQUIÑUELAS PARA VENDER, MANOLITO, ¿QUÉ DIABLOS ES ESO DEL *"PICHÍNCHING SYSTEM"* QUE INVENTASTE AHORA?

ES UN SISTEMA EXCLUSIVO DE ALMACÉN *'DON MANOLO'* PARA GENTE QUE ESTÁ EN LO NUEVO... SI ESTÁS EN LO NUEVO, CON EL *"PICHÍNCHING-SYSTEM"* PODÉS COMPRAR ALGUNOS ARTÍCULOS A PRECIOS TAN BAJOS QUE SON REALMENTE UNA PICHINCHA

SÍ, BUENO, PERO ¿DE QUÉ CALIDAD?

¡SI EMPEZÁS CON PREJUICIOS NO ESTÁS EN LO NUEVO!

¡LOS PRINCIPALES RÍOS DEL MUNDO! ¿PARA QUÉ CORCHOS TENEMOS QUE APRENDER LOS PRINCIPALES RÍOS DEL MUNDO?

¡TODO POR ESA MALDITA MANÍA QUE TIENEN DE ANDAR PONIÉNDOLE NOMBRES AL AGUA!

TODA LA TARDE DE AYER ESTUDIANDO ¿Y PARA QUÉ? ¡SÍ, YA SÉ: LA CULTURA ESTO Y LA CULTURA AQUÉLLO!

PERO EL DÍA DE MAÑANA... ¿QUÉ UTILIDAD PUEDE RE- PORTARLE A UNO HABER APRENDIDO QUE EL EVEREST ES NAVEGABLE?

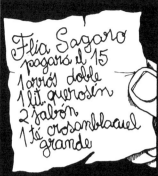

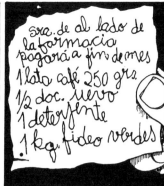

Miguelito

¡QUÉ LINDO! ¿SUBE MUY ALTO?

¡UF!

¡HASTA EL CIELO!

¿A VER? ¡DALE!

¡LO QUE PASA ES QUE PARA ESO DE LA ALTURA EL CIELO ES UN EXAGERADO!

¿Y SUBE COMO LOS COHETES DE VERDAD?

¡CLARO!

¿A VER? ¡DALE!

ESTÁ MUY BIEN MIGUELITO TAMPOCO ES CUESTIÓN DE QUE VAYA Y LE SAQUE UN OJO A ALGÚN ÁNGEL

¡GRAN TIPO ESTE FELIPE!

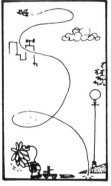

¡SNÍF!...

¿QUÉ? ¿QUE EL COHETUCHO ESE FUNCIONA? ¿COMO LOS DE VERDAD? ¡VAMOS!...

AH ¿NO? ¡MIRÁ!...

¡JA! ¿Y?

¡TOC!

?

¿LA CALLE CORRALITOS, POR FAVOR?

POR ESTA, 3 CUADRAS DERECHO HASTA EL MERCADO, DOBLANDO DOS A LA DERECHA CRUZA LA PLAZA Y MEDIA CUADRA MAS ALLÁ VERÁ UNA CORTADA: ESA ES CORRALITOS

AJÁ GRACIAS

¿LA FELICIDAD, POR FAVOR?

AQUÍ, ESO ES, AHORA MIRÁ QUÉ DIVERTIDO CÓMO SE VE UNO REFLEJADO EN ESTA TETERA, MIGUELITO

¡BUUAAA!...

¿POR QUÉ TANTAS MEDICIONES, FELIPE?

PORQUE QUIERO QUE ESTE AVIÓN ME SALGA BIEN

YO LO QUE QUIERO QUE ME SALGA BIEN ES LA VIDA

DECÍME, MAFALDA, ¿ANTES DE NACER NOSOTROS EXISTÍA REALMENTE EL MUNDO?

¡MIRÁ QUE SOS TONTO, MIGUELITO! ¡CLARO QUE EXISTÍA!

¿Y PARA QUÉ?

¡PST! ¿QUIÉN SE PARECE A ESTA?

PERIQUITA

¿¿¿¿MI ABUELITA????

¡HOLA! HOLA

¿SABEN LO RICOS QUE SON LOS TURRONES, EL PAN DULCE Y LAS PELADILLAS QUE RECIBIÓ EL ALMACÉN DE MANOLITO? ¡BÁRBAROS!

¿CUÁNDO PROBASTE TODO ESO, MIGUELITO?

NUNCA, PERO ME PAGÁ CON CARAMELOS

¡BANG! ¡SONASTE, MIGUELITO!

¡NO, NO! ¡BANG!

LO SIENTO, PERO YO TIRÉ PRIMERO ¿POR QUÉ JUGÁS A ESTO, SI CUANDO TE MATAN NO QUERÉS MORIRTE?

PORQUE YO LEÍ QUE LOS CHICOS NECESITAMOS JUGAR QUE MATAMOS A LOS DEMÁS PARA DESCARGAR LA AGRESIÓN QUE LLEVAMOS ADENTRO Y QUÉ SÉ YO

¡PERO SI DE ENTRADA NOMÁS ME ARRUINAN LA TERAPIA, ME VOY Y LISTO!

QUIERO MOSTRARTE LA ESPADA QUE ME HICE

MIRÁ QUÉ LIN.....

CLARO, ES QUE ESTE CLAVO NO SIRVE

TENDRÍA QUE HABERLE PUESTO UNO DE ESOS QUE TIENEN VUELTITAS Y PEINADO CON RAYA AL MEDIO ¿LOS CONOCÉS?

¡YO SE LO PREGUNTO! ¡YO VOY, SE LO PREGUNTO Y QUE SEA LO QUE DIOS QUIERA!

DÍGAME, AGENTE, ¿ES CIERTO LO QUE DICE MI MAMÁ, QUE SI YO.... SI YO NO... ¡BUEH!.... LO DE LAS MANOS SUCIAS, LA COMIDA Y TODO ESO..... USTED A UNO SE LO LLEVA..... ..Y LO METE..... ¡EN FIN!. ¿EH?

¡ANDÁ Y DECILE A TU MAMÁ QUE LA POLICÍA ESTÁ PARA COSAS ALGO MÁS IMPORTANTES QUE ESAS!

EMPIEZO A ENTENDER ESO DEL RESPETO A LAS INSTITUCIONES

¡QUÉ MANÍA! ¡LO ÚNICO QUE SABEN HACER ES PROHIBIR!

DECIME, MIGUELITO ¿A VOS NO TE INDIGNA ESTE CARTEL?

PROHIBIDO PISAR EL CÉSPED

NO ¿QUÉ ME IMPORTA? YO TENGO MI PROPIO PASTITO INTERIOR

(1173)

¿VIERON CÓMO SIN MÍ NO SON NADIE?

EL GOBIERNO NO DESOYE LAS RAZONES DE QUIENES CUESTIONAN LA CITADA LEY...

PERO ADVIERTE QUE LOS INTERESES DE NINGÚN SECTOR PODRÁN IMPEDIR QUE SE LA APLIQUE CON TODO RIGOR

¡LO QUE ES TENER EL CHUPETÍN POR EL PALITO! ¿EH?

¡MAH, QUÉ LOS NORTEAMERICANOS! ¡LOS NORTEAMERICANOS NO HUBIERAN LLEGADO NI A LA ESQUINA SI NO ES POR VON BRAUN!

¡Y VON BRAUN NO SERÍA NADA SIN LA AYUDA QUE LE DIO EL HITLER ÉSE!

¡Y EL HITLER ÉSE TAMPOCO HUBIERA SIDO NADA SIN LAS IDEAS QUE COPIÓ DE ¿QUIÉN?

¡DE MUSSOLINI! ¡QUE SI NO ES POR EL DUCE, MINGA DE CONQUISTAR LA LUNA!

¡SUERTE QUE UNO TIENE UN ABUELITO QUE LE ABRE LOS OJOS, QUE SI NO!...

EN MI GRADO HAY UN CHICO QUE LE TIENE UN MIEDO A LA OSCURIDAD...

LE HABRÁ PASADO ALGO A OSCURAS, POBRE

¡QUÉ "POBRE," SI NUNCA LE PASÓ NADA! PERO ÉL PIENSA QUE EN LA OSCURIDAD PUEDE HABER...NO SÉ... "COSAS"

¿"COSAS"?

SÍ, COSAS HORRIBLES, DICE ¡QUÉ SÉ YO!

¡UUH! ¡BUEH!...

ES UN ZANAHORIA DE ESOS QUE CREEN EN ESTUPIDECES

¡NI MÁS NI MENOS!

¡ESTA DOBLE VIDA ME TIENE LOS NERVIOS A LA MISERIA!

A VER, MIGUELITO ¿QUIÉNES SON NUESTROS ANTÍPODAS?

¡LOS JAPONÉSIDOS!

¡CERO, ESTÚPIDO!

¡¡ANTIPÁTIDA!!

A QUE AL GORDO AQUEL QUE VA ALLÁ LO PASO ANTES QUE LLEGUE A LA ESQUINA

¡JA!

¿JA QUÉ?

¿Y PARA QUÉ CUERNOS QUIERO SER GRANDE CUANDO SEA GRANDE? ¡YO QUIERO SER GRANDE AHORA!

¡MI PAPÁ TODOS LOS DÍAS LO MISMO!...

"BUEN DÍA-HASTA LUEGO" "HOLA ¡PUF, QUÉ CANSANCIO! ¿ESTÁ LA CENA? ¡AAAH!...¡POR FÍN LA CAMA! ¡BUÉH!... HASTA MAÑANA"

Y MI MAMÁ: "¡NO RAYES EL PARQUET! ¿OTRA VEZ CON LOS ZAPATOS SOBRE EL SILLÓN? ¡NO DESTROCES LA ROPA! ¡A VER ESAS OREJAS!"

FRANCAMENTE NO SÉ QUÉ HARÍA YO SIN MÍ

¡iiiiúúújuh, MAMÁ! ¡uíííjuuuuú!

¡YÚÚPiiiiH!! ¡YuíííjiiiiiI!

¿QUÉ DIABLOS HACÉS, MIGUELITO? ¡NO ENTIENDO!
VOS PORQUE TENÉS UN HERMANITO, Y ENTRE DOS....¡CLARO!

PERO AQUÍ TENGO QUE APECHUGAR YO SOLITO CON ESO DE SER LA ALEGRÍA DEL HOGAR

¡LA NATURALEZA NOS HIZO COMO LA MISMA MONA! ¿A VOS NO TE PARECE QUE TENDRÍAMOS QUE PODER VOLAR COMO LOS PÁJAROS?

PODEMOS: HAY BOEINGS Y CARAVELLES Y AVROS Y COMETS Y TODO ESO

¡PURA ORTOPEDIA!

QUEDATE AQUÍ UN MOMENTO QUE QUIERO VER UNA COSA

REALMENTE COLÓN FUE UN CAPO

MI MAMÁ ME EXPLICÓ LO DE TENER CHICOS, RESULTA QUE LOS PAPÁS PONEN UNA SEMILLITA EN LAS MAMÁS, ¿SABÍAS?

SABÍA, SÍ

¡UNA SEMILLITA, MIRÁ VOS! ESO ME ACLARÓ TODAS LAS DUDAS QUE YO TENÍA SOBRE EL ASUNTO

¡AHORA LO QUE TENGO ES UN MERENGUE CON LA BOTÁNICA!...

AH ¿TE LO EXPLICÓ TU MAMÁ?

SÍ

¿QUÉ LE EXPLICÓ?

LO DE LA SEMILLITA QUE PONEN LOS PAPÁS EN LAS MAMÁS

¡UUH!...¡PERO ESO ES TAN SABIDO QUE YA NO LE INTERESA A NAD....

?

¡JA!

¡PRRR~PRRR!¡PEDRRITO!
¡PKRR!¡LA PAPA!¡PRRRR!

¡ESTA ES UNA DE LAS FACETAS MÁS DEPLORABLES DE MI PERSONALIDAD!

¡NO CORRÁS CON LOS ZAPATOS NUEVOS QUE LOS DESHACÉS! ¡NO SALTÉS SOBRE EL SOFÁ QUE LO DESTROZÁS! ¡NO TE ARRASTRÉS POR EL PISO QUE DESPEDAZÁS LA ROPA!

¡¡DECIME DE QUÉ TE SIRVE SER NIÑO, SI NO TE DEJAN EJERCER!!

¡LA PUCHA!

¿Y ESTARÁ MIGUELITO? VIVE EN EL 2º PISO ¿NO?
SÍ

..¡¡Y UN DÍA DE ESTOS NO ME LIMPIO LOS PIES ANTES DE ENTRAR, NI GUARDO MIS JUGUETES, NI TENGO CUIDADO CON LA ALFOMBRA, NI CON...

...LAS CORTINAS, NI ME LAVO LAS MANOS, NI LAS OREJAS NI NADA!!

¡¡UN DÍA DE ESTOS DOY EL MIGUELAZO!!

¿QUÉ TIENE QUE HACER UNA TORTUGA PARA VIVIR? ¡SER TORTUGA!

¿QUÉ TIENE QUE HACER UN GATO PARA VIVIR? ¡SER GATO!

¿QUÉ TIENE QUE HACER UN OSO PARA VIVIR? ¡SER OSO!

¿QUÉ TIENE QUE HACER UN TIPO PARA VIVIR? ¡SER ALBAÑIL, ABOGADO, TORNERO, OFICINISTA O QUÉ SÉ YO!

¿POR QUÉ TENÍA QUE TOCARNOS A LOS HUMANOS EL ESTÚPIDO PAPEL DE SER ANIMALES SUPERIORES?

¡MENTIRA!

A MI MAESTRA SE LE HA METIDO EN LA CABEZA QUE MIENTRAS ELLA HABLA YO PIENSO EN OTRA COSA

TAL VEZ TU MAESTRA SEA DE ESAS QUE PRETENDEN QUE UNO REGISTRE TODO COMO UN GRABADOR

Y SEGURAMENTE LO QUE OCURRE CON VOS ES QUE RETENÉS EL CONCEPTO DE LO QUE ESCUCHÁS

EN VEZ DE PALABRERÍO INÚTIL VOS CAPTÁS EL NUDO DEL ASUNTO ¿NO ES ESO?

¡KASHUBUKI!

¡NO PODÍA ACORDARME DE LA MARCA! EL DE MI TÍO ES UN GRABADOR "KASHUBUKI" ¡ES DE LINDO!.. VIENE CON M

¿PENSASTE ALGUNA VEZ QUE ESTOS JÓVENES QUE HOY SUFREN PORQUE LOS ADULTOS NO LES DEJAN CAMINO...

...SON LOS MISMOS QUE MAÑANA, CUANDO SEAN ADULTOS, NO NOS VAN A DEJAR CAMINO A NOSOTROS?

NO, NUNCA LO HABÍA PENSADO

¡TRAJE A MAFALDA PARA JUGAR AQUÍ, MAMÁ!

¡LOS PATIIIIINES!.. ¡A QUE ESTÁN CAMINANDO SIN PATINES Y ESTROPEANDO EL PARQUET!..

¡NO JUEGUEN NI EN EL LIVING NI EN EL COMEDOR, ¿EH?

¡AH! Y OTRA COSA.......

¡NO DEJEN LUEGO TODOS LOS JUGUETES TIRADOS POR AHÍ! ¡GUÁRDENLOS! ¡YA LO SABEN!

MI ÚNICA ESPERANZA ES QUE EN EL SERVICIO MILITAR ME COMPUTEN TODO ESTO Y ME LARGUEN ENSEGUIDA

¡PERO MAMÁ, LOS HIJOS NO PODEMOS SER TAN MONSTRUOS Y BAÑARNOS SIN OPONER RESISTENCIA!

¡LOS HIJOS NO PODEMOS SER TAN DEGENERADOS Y COMER SIN CHISTAR!

¡LOS HIJOS NO PODEMOS SER TAN DESALMADOS Y PORTARNOS BIEN!

¡¡SERÍA CERRARLES A NUESTRAS PROPIAS MADRES SUS FUENTES DE TRABAJO!!

¡NO SÉ POR QUÉ, PERO A VECES ME AGARRAN POR DENTRO CADA INCOMPATIBILIDADES CON MI NIÑEZ, QUE NO TE CUENTO!

SÍ, BUENO, TRABAJAR PARA GANARSE LA VIDA, CLARO

¿PERO POR QUÉ ESA VIDA QUE UNO SE GANA TIENE QUE DESPERDICIARLA EN TRABAJAR PARA GANARSE LA VIDA?

LA FAMILIA ES LA BASE DE LA SOCIEDAD

¿LA FAMILIA DE QUIÉN? ¡¡¡LA MÍA NO TIENE LA CULPA DE NADA!!!

Libertad

¡HOLA!¡QUÉ CHIQUI-
TITA SOS! ¿CÓMO
TE LLAMÁS?

LIBERTAD

¿SACASTE YA TU CONCLU-
SIÓN ESTÚPIDA? TODO
EL MUNDO SACA SU CON-
CLUSIÓN ESTÚPIDA
CUANDO ME CONOCE

¿ETA NENA?

ESTA NENA ES
LIBERTAD, GUILLE

¡Y TENGO BASTANTES
MÁS AÑOS QUE VOS!
¿ALGUNA OBJECIÓN
A MI TAMAÑO?

¡MEJOR ASÍ! ¡LOS BAJITOS
NO TENEMOS POR QUÉ
ANDAR AGUANTÁNDOLE
A LOS DEMÁS SU
COMPLEJO DE ALTURA!

¿TE GUSTAN LAS PLANTAS,
LIBERTAD?

EN MACETA, NO, LAS
PLANTAS ME GUSTAN
EN LA
TIERRA-TIERRA

SÍ, CLARO, PERO ESO ES
IMPOSIBLE, YO VIVO EN UN
DEPARTAMENTO

UD. ME PREGUNTÓ SI ME
GUSTAN LAS PLANTAS,
NO SI ME
GUSTA
SU VIDA

DECIME ¿TU AMIGO
FELIPE ES UNO CON
EL PELO TODO ASÍ
COMO HOJAS DE
LECHUGA?

NO, ESE ES
MIGUELITO

AH, YO CREÍA QUE
FELIPE ERA EL DEL
PELO COMO LECHU-
GA Y LOS DIENTES
ASÍ

SÍ, EL DE
LOS DIENTES
ASÍ ES
FELIPE

¡Y BUENO, ESE
DIGO YO, UNO QUE
TIENE ALMACÉN!

¡PERO
NO!

¡PERO!...¡MIRÁ QUÉ
JUSTO: AQUEL QUE
VIENE ALLÁ ES FELIPE!

HOLA, NO SÉ SI VOY A
ANDAR BIEN CON VOS,
FELIPE, A MÍ ME GUSTA
LA GENTE SIMPLE

186

¡¡MAMÁ, VINO MAFALDA A JUGAR CONMIGO!!

BUEEEEEENOOOOOO...

¿TAN GRANDE ES ESTE DEPARTAMENTO, LIBERTAD?

NO, PERO NOS HABLAMOS SIEMPRE ASÍ PARA QUE PAREZCA

¡TACATÍ-TÍ!-¡TITÍKTIK! -TÍKITAT-TAK-TÍK-TÍK-TAKÍT!
¿QUÉ ESCRIBE A MÁQUINA TU MAMÁ?

TRADUCCIONES PARA LIBROS, PORQUE LO QUE GANA MI PAPÁ ES PARA PAGAR EL DEPARTAMENTO

MI MAMÁ SABE FRANCÉS, LOS FRANCESES ESCRIBEN LOS LIBROS EN FRANCÉS, ELLA LOS COPIA COMO HABLAMOS NOSOTROS Y CON LO QUE COBRA COMPRA FIDEOS Y ESAS COSAS

HAY UN TIPO... ESPERÁ, ¿CÓMO SE LLAMA?... YANPOL... YANPOL BELMÓN... ¡NO!... YANPOL...¿ SASTRE, SE LLAMA? ¡AH! ¿SARTRE?

¡ESE! EL ÚLTIMO POLLO QUE COMIMOS LO ESCRIBIÓ ÉL

HOLA ¿MAMÁ? ME QUEDO A TOMAR LA LECHE EN LO DE MAFALDA

¿SI ME INVITARON? NO, PERO NO CREO QUÉ POR UN CAFÉ CON LECH...¿CÓMO? PERO ESCUCH....¡NO!.. PERO ESCU.. NO, PER... ¡BUEH, ESTÁ BIEN, YA VOY!

HOLA ¿SEÑORA? NO SEA ASÍ, DEJE QUE LIBERTAD SE QUEDE A TOMAR L...¿EH? ¿CON MI MAMÁ? BIEN, UN MOMENTITO

¡PERO NO, SEÑORA NINGUNA MOLESTIA, POR FAVOR!...¡PERO SÍ, CON TODO GUSTO IMAGÍNESE!...

LÁSTIMA TANTO TRÁMITE, ¡MI HAMBRE ES TAN PURA Y SIMPLE!....

¿CÓMO ANDA TU TORTUGA? CUANDO YO ERA CHICA ME LLEVARON AL ZOOLÓGICO Y HABÍA TORTUGAS

¿CUANDO ERAS CHICA?
¿Y AHORA CÓMO SOS?
¡JAH!... ¡CUANDO ERA CHICA DICE!

NO, NO ¡SÉ CÓMO TERMINAN ESTAS COSAS!

DEL ASUNTO DEL TAMAÑO PASAMOS AL DE LA EDAD Y AHÍ YO YA EMPIEZO A TENER TEMA PARA DEPRIMIRLO, ASÍ QUE MEJOR..... TRANQUILITOS ¿EH?

¡CHST! ¡BON YÚR, MADMUASÉLL!

¿VISTE? ¡ME COSTÓ PERO APRENDÍ A SALUDAR EN FRANCÉS!

FELICITACIONES, LIBERTAD

¡ES QUE A MÍ, MÁS ME CUESTA UNA COSA, MÁS ME EMPERRO EN APRENDERLA BIEN!

¡BON YÚR, MADMUASÉLL!

A MÍ, EL TIEMPO VIENE Y ME HACE ESE CHISTE... ¡¡SABÉS LA QUE LE DOY!! ¿NO?

¿QUÉ OPINAN EN TU CASA DE CÓMO ANDAN LAS COSAS?

¡PUF!

POR LO MENOS SON OPTIMISTAS, EN LA MÍA OPINAN QUE ¡PUAJ!

HOLA, MAFALDA

HOLA LIBERTAD

BAJITA COMO NIVEL DE VIDA, LA POBRE

VOS QUE ANDÁS SIEMPRE PREOCUPADA POR EL LÍO QUE HAY EN EL MUNDO ¿OÍSTE HABLAR DE ADÁN Y EVA?

SÍ, CLARO ¿POR QUÉ?

PORQUE PARECE QUE AHÍ EMPEZÓ TODO ¡Y POR UNA MANZANA, MIRÁ VOS!

POR COMER UNA SIMPLE MANZANA, VENIR LAS COSAS A PARAR EN ESTE DESPIPORRE DE HOY

¡TE IMAGINÁS SI LES DABA POR COMERSE UNA SANDÍA, NO? ¡¡¡MI MADRE!!!.

VI QUE TU MAMÁ COMPRA EN LA MISMA CARNICERÍA QUE MI MAMÁ, FELIPE

¿AJÁ?

SÍ, ASÍ QUE MÁS DE UNA VEZ DEBEMOS HABER COMIDO BIFES DE LA MISMA VACA

¡MIRÁ VOS, COMPAÑEROS DE VACA SIN SABERLO!

¡PENSAR QUE DÍA A DÍA, SEMANA A SEMANA, MES A MES, NOS HEMOS ESTADO MASTICANDO UNA VACA EN EQUIPO!

¡SI NO HAY ZAPALLO HERVIDO O ALGO ASÍ, NO CUENTEN CONMIGO EN LA MESA, MAMÁ, EH?

¿A TOMAR UN HELADO?

¡AJÁ!

¡HOY HAY QUE PENSAR EN LA REVOLUCIÓN SOCIAL, NO EN TOMAR HELADOS!

¡HOY HAY QUE PENSAR EN REALIDADES, NO EN CUCURUCHOS!

HOY HAY QUE PENSAR EN......

UN ESCAPISMO DE VAINILLA Y PISTACHO, POR FAVOR

¿TE CONTÉ QUE MI PAPÁ A SU SUELDO LO LLAMA "EL CONCORDE"?

¿EL CONCORDE?

SÍ, POR LO RÁPIDO QUE VUELA

AH

TIENE MUCHO SENTIDO DEL HUMOR TU PAPÁ

BUENO, NO SÉ ¿DECIR LAS COSAS LLORANDO ES TENER MUCHO SENTIDO DEL HUMOR?

SEGÚN DICE MI PAPÁ, DESDE HACE AÑOS LO ÚNICO QUE SABEN HACER LOS GOBIERNOS ES OPRIMIR AL PUEBLO

138

¡VIENE UN GOBIERNO Y OPRIME AL PUEBLO!...

¡VIENE OTRO Y OPRIME AL PUEBLO!...

¡VIENE OTRO Y OPRIME AL PUEBLO!...

¡TAMBIÉN EL PUEBLO, CHÉ! ¡QUÉ VOCACIÓN DE TIMBRE! ¿NO?

1359

CADA VEZ QUE LLEGA LA CUENTA DE LA LUZ A MI PAPÁ TAMBIÉN LE DA POR OPINAR SOBRE EL ASUNTO

¿ADÓNDE VAS A IR DE VERANEO ESTE AÑO, LIBERTAD?

¿NUNCA TE HABLÉ DE LA CASA DE MI ABUELA EN EL CAMPO?

UNA VEZ ME LLEVARON, HAY UNA VACA EN UN CORRAL, Y UN CABALLO Y GALLINAS Y PATOS Y CONEJITOS...

...Y MUCHOS ÁRBOLES QUE SE LLENAN DE CANTOS DE PÁJAROS AL CAER LA TARDE ¿NUNCA TE HABÍA CONTADO NADA DE ESO?

NO

BUENO ¡PUES PARECE QUE OTRA VEZ VAMOS A IR A ABURRIRNOS A ESE MALDITO LUGAR!

MIRÁ VOS, EL SEÑOR DEL DEPARTAMENTO DE ABAJO DE MI CASA, ANTES TENÍA SU EMPLEO....

¿Y QUÉ LE PASÓ?

144

Y, QUE COMO NO LE ALCANZABA EL SUELDO PARA VIVIR, TUVO QUE BUSCARSE OTRO EMPLEO PARALELO, PERO COMO ENTONCES NO LE ALCANZABA EL TIEMPO LLEGABA SIEMPRE TARDE A LOS DOS EMPLEOS. Y COMO SI LO ECHABAN DE UN EMPLEO, CON EL OTRO NO PODÍA VIVIR, PARA CONSERVAR LOS DOS TUVO QUE COMPRARSE UN AUTO EN CUOTAS, QUE PAGA CON LO QUE GANA EN EL EMPLEO QUE TUVO QUE BUSCARSE CUANDO CON UN SOLO EMPLEO NO PODÍA VIVIR, O SEA QUE AHORA PARA VIVIR SÓLO LE QUEDA EL SUELDO DEL PRIMER EMPLEO, PERO CLARO, CON EL AUTO, LLEGA TEMPRANO A LOS DOS, ESO SÍ